DE

L'ASSIMILATION

DES ARABES

BAR-SUR-AUBE, IMP. Mme JARDEAUX-RAY

BIBLIOTHÈQUE ET QUESTIONS ALGÉRIENNES ET COLONIALES

DE L'ASSIMILATION DES ARABES

SUIVIE D'UNE

ÉTUDE SUR LES TOUAREG

PAR

UN ANCIEN CURÉ DE LAGHOUAT

Auteur de :

LES ARABES ET L'OCCUPATION RESTREINTE

PARIS

CHALLAMEL AINÉ, LIBRAIRE-ÉDITEUR

30, rue des Boulangers, et rue de Bellechasse, 27

CHEZ TOUS LES LIBRAIRES DE L'ALGÉRIE

1866

A LA MÉMOIRE

DE MON VÉNÉRÉ BIENFAITEUR ET PÈRE EN JÉSUS-CHRIST

MONSEIGNEUR DAGRET,

CAMÉRIER DE NOTRE SAINT-PÈRE LE PAPE,

VICAIRE GÉNÉRAL, ARCHIDIACRE DU DIOCÈSE D'ALGER,

CHEVALIER DE LA LÉGION D'HONNEUR,

MORT LE 20 DÉCEMBRE 1850, AGÉ DE 47 ANS,

ET INHUMÉ A L'ABBAYE DE LA TRAPPE DE NOTRE-DAME DE STAOUÉLI,

AUTEUR DU SAVANT OUVRAGE :

LE CATÉCHISME D'ALGER, EXPLIQUÉ PAR SAINT-AUGUSTIN.

3 volumes in-8°.

Le nouveau petit livre que j'offre au public complète la tâche que je m'étais imposée. Par le premier (1), j'ai essayé de démontrer, à l'aide de mes observations journalières et en m'appuyant sur des faits et des documents peu connus, combien nous nous sommes abusés dans le choix des moyens que nous avons mis en œuvre jusqu'ici pour nous rallier les Arabes. Par celui-ci, j'indique les voies par lesquelles, éclairés par l'expérience, il nous faudrait marcher pour que dans un avenir plus ou moins éloigné, ils ne fissent plus qu'un avec nous. Je ne prétends pas avoir fait là une découverte, car, après tous ceux qui se sont occupés de cette immense question, je ne fais qu'affirmer et prouver, une fois de plus, que la religion du

---

(1) *Les Arabes et l'occupation restreinte en Algérie.*

prophète est l'écueil fatal contre lequel viendront toujours se heurter nos tentatives de rapprochement et échouer notre influence. Or, attaquer et briser violemment cet écueil est impossible ; il serait même aussi odieux qu'impolitique de l'essayer. Pourtant, *il faut que cet écueil disparaisse*. Eh bien ! je crois avoir trouvé le moyen de conduire à bonne fin une aussi gigantesque entreprise et si l'on comprend bien le génie du peuple arabe, si l'on se rend bien compte de ses antipathies et de ses préférences, on conviendra, après m'avoir lu avec impartialité, que c'est là, en effet, *le seul qui soit pratiquement possible*.

Je ne terminerai pas sans exprimer toute la reconnaissance dont je suis pénétré pour les nombreux écrivains qui ont eu l'obligeance de s'occuper de mon premier petit livre. Tous, sans doute, ne partagent pas mes idées et plusieurs surtout n'envisagent pas au même point de vue que moi la question arabe; mais aucun, et je les en dois remercier, ne s'est montré hostile au sentiment qui a inspiré mes modestes études. Qu'ils veuillent bien, et je les en prie avec instance, me continuer, pour ce second ouvrage, leur bienveillant concours. Cette question est de celles qui passionnent les âmes généreuses. Personne, en effet, ne saurait demeurer indifférent lorsqu'il s'agit de savoir si un grand pays qui s'appelle la France *doit* se résigner à vivre côte à côte en Afrique avec la barbarie musulmane, ou s'il ne serait pas plutôt *de son devoir et de son droit*, en employant des moyens que la civilisation avoue et qui font ailleurs sa gloire, de chercher à faire briller la lumière où règnent aujourd'hui les ténèbres.

TABLE

	Pages
Les Bureaux Arabes	3
Les Smalas de Spahis	49
L'Assimilation	79
Un Œuf, une Poule, un Arabe	156
Les Touâreg	165

On prétend qu'après une exécution célèbre, Catherine de Médicis, s'adressant à Henri III, qui y était bien pour quelque chose, prononça cette parole remarquable : « *Bien coupé*, mon fils, *maintenant, il faut recoudre.* »

Telle sera un jour, en dépit de nous, notre situation en Afrique. Démolir, en effet, n'est que la moitié de la besogne, après, il faut reconstruire, — et c'est le difficile. Mais comment s'y prendre ?

Pour *couper,* en d'autres termes, pour ruiner insensiblement ce qu'on veut bien appeler *la nationalité arabe,* je l'ai dit et j'y ajouterai encore, — rien n'est plus aisé, *si nous le voulons;* pour *recoudre,* c'est-à-dire, transformer peu à peu le caractère des indigènes, les amener sans violence à sortir de leur apathie systématique, et à entrer enfin dans le grand mouvement civilisateur qui entraîne aujourd'hui tous les peuples, à se confondre et à s'assimiler avec nous, — j'essaierai de le dire aussi. Je le ferai sans passion, sans aigreur, et avec l'unique désir d'être utile, car si j'aime la France, j'ai aussi un grand faible pour les Arabes.

Quels moyens avons-nous maintenant à notre disposition, en Algérie, pour mener à bien une entreprise aussi délicate et aussi importante que celle de *couper et de recoudre ;* de faire, en un mot, que l'Arabe *ne le soit plus* et devienne ce qu'il n'est pas encore, *Français ?* Je n'en vois que deux : *les bureaux arabes* et *les smalas de spahis* peuvent-ils, avec leur organisation actuelle, suffire à remplir cette tâche ? C'est ce que nous allons examiner aussi brièvement que possible.

LES BUREAUX ARABES

Deux hommes remarquables, à des titres divers, fort compétents pour tout ce qui concerne notre colonie, et en particulier les Arabes, ont exprimé la même idée à quelques années d'intervalle. L'un, M. le capitaine Hugonnet, dans son petit livre si curieux (1), a écrit ceci : « L'Algérie, on ne saurait le nier, est à peu près inconnue en France ; tous les problèmes qui l'intéressent sont lettres closes pour la grande majorité du public..... » Plus tard, l'autre, M. le général Daumas, dans la discussion de l'Adresse de 1863, au Sénat, disait encore : « Aucun de tous les essais tentés en

---

(1) Souvenirs d'un chef de bureau arabe, édit. Lévy, page 272.

N. B. — Tous les ouvrages publiés sur l'Algérie se trouvent chez M. Challamel aîné, notre éditeur.

Algérie n'a été concluant : pourquoi? Parce que personne ne connaît l'Algérie, parce qu'on n'en sait pas le premier mot. » Cette double assertion formulée en termes si positifs et par deux hommes aussi intelligents qu'éclairés, peut paraître étrange ; elle n'est cependant que l'expression exacte d'une vérité malheureuse, surtout si on l'applique aux indigènes. Du reste, l'Empereur lui-même, en déclarant qu' « il lui est démontré que l'on vit en France dans une véritable ignorance des choses arabes (1), » vient de prêter à cette assertion une nouvelle force.

Une seule classe de fonctionnaires fait exception à cette règle générale, même en Algérie ; ce sont les chefs des cercles et spécialement les officiers *des bureaux arabes,* quand ils exercent depuis plusieurs années dans la même circonscription. Hors de là, tout est obscurité, tâtonnements et ténèbres. Ces hommes, s'ils comprennent bien leur mission, et s'ils sont doués des rares qualités qu'elle réclame, peuvent donc rendre à l'œuvre de *l'Assimilation* d'importants services. C'est ici surtout qu'il faut répéter après

---

(1) Lettre de l'Empereur à M. le duc de Magenta, page 32.

l'Empereur : « Tant vaut l'homme, tant vaut la chose (1). »

Avant d'aller plus loin, il me paraît indispensable de faire connaître à mes lecteurs, dont la plupart l'ignorent sans doute, ce que c'est qu'un *bureau arabe* et de quelles attributions il est investi. Je laisserai la parole à M. F. Hugonnet, chef de bureau lui-même et sur l'autorité duquel j'aime à m'appuyer, à cause des sentiments élevés et honnêtes qui éclatent d'un bout à l'autre de ses *souvenirs*.

« L'institution des bureaux arabes, « ainsi s'exprime-t-il, » n'est comparable à rien dans le passé, d'après ce que je connais, au moins, des diverses espèces d'administrations ou de pouvoirs qui ont eu action sur les peuples. On compare quelquefois le bureau arabe à l'autorité des pachas d'Orient ; le bureau arabe a sur les musulmans un pouvoir plus étendu, puisque, en outre de tout ce que peut faire un pacha, il contrôle en Algérie tout ce qui touche à la religion musulmane, et cela avec bien plus d'indépendance que ne pourrait le faire un successeur des satrapes. Le bureau arabe a aussi

(1) Lettre de l'Empereur à M. le duc de Magenta, page 52.

dans ses attributions le soin de répondre à tous les besoins, à toutes les demandes, à toutes les tentatives d'initiative de la race conquérante sur le territoire conquis.....

» Le bureau arabe est le trait d'union entre la race européenne qui s'est implantée en Algérie depuis 1830, et l'indigène qui occupait antérieurement ce pays et l'occupe encore.

» De nos jours, le bureau arabe, dont l'importance dans les affaires algériennes absorbe celle des commandants militaires eux-mêmes, le bureau arabe n'a pas d'existence officielle comme administration ayant des attributions et une responsabilité ; il est en principe, tout simplement, l'instrument des commandants de cercle, de subdivision et de division. Le territoire militaire de l'Algérie est partagé en trois divisions ou provinces, quatorze ou quinze subdivisions et quarante à quarante-cinq cercles ou annexes. L'unité administrative indigène est le cercle. Sur ce territoire militaire, ce sont les commandants supérieurs qui ont officiellement tous les pouvoirs, ce sont eux qui signent toutes les décisions, tous les rapports, soit avec les autorités supérieures, soit avec les administrations diverses. Seulement il est attribué à chacun de ces commandants un bureau arabe pour tout élaborer ; celui-ci est alors le délégué du commandant et le représente dans tout ce qui suit.

» Le bureau arabe surveille la population indigène ; il se tient au courant de tout ce qui se passe chez elle ; contrôle l'administration des chefs arabes ; écoute journellement les plaintes qui peuvent être portées par les administrés. Si l'affaire est purement judiciaire, c'est-à-dire héritage, mariage, conventions écrites, elle est transmise au kadhi, qui juge d'après la loi musulmane, sous le contrôle du bureau arabe. Si l'affaire est un délit grave, un crime prévu par nos lois, et qui paraisse suffisamment élucidée, elle est soumise aux conseils de guerre, et cela sur les documents établis au bureau arabe.

» Pour tous les autres cas, et ils sont nombreux, le bureau arabe juge avec plein pouvoir, sans règle établie à l'avance, cherchant seulement, autant que possible, à mettre d'accord les coutumes du pays et l'esprit, relativement meilleur, de nos lois. Les peines prononcées sont : la prison, l'amende, les dommages-intérêts, les restitutions ou frais, qui peuvent beaucoup varier ; car il ne faudrait pas, sous ce rapport, comparer les habitudes des Arabes aux nôtres.

» Le bureau arabe propose la nomination ou la destitution des divers chefs ou employés indigènes. Il surveille la conduite et l'administration des kadhis (juges musulmans) et de leurs assesseurs ; il exerce une surveillance active sur les marchés arabes ; il assure la sécurité des routes, la tranquillité du pays arabe en général.

» A la guerre, il commande les forces indigènes auxiliaires, prescrit les transports par corvées.

» Enfin il doit pousser la race indigène dans la voie du progrès et de la civilisation.

» En présence de la race conquérante, voici ce qu'il a à faire :

» Il exécute les ordres du commandant supérieur et lui communique tous les documents demandés de divers côtés.

» Aux tribunaux militaires ou civils il fournit des renseignements relatifs aux crimes ou aux criminels ; il fait rechercher et arrêter les coupables ; il réunit les preuves des crimes, les pièces de conviction (1).

» Relativement aux services financiers, il

---

(1) Qu'on veuille bien se rappeler que si le capitaine Doisneau eût commis son crime en territoire militaire, il eût été comme chef du bureau arabe *chargé de l'enquête*. (Note de l'auteur.)

établit seul les rôles d'impôts, recherche la matière imposable, demande les augmentations, les diminutions ou exemptions, établit toutes les pièces à ce sujet ; puis, quand vient l'époque du paiement, c'est encore lui qui ordonne aux chefs indigènes de recueillir l'impôt, qui veille à ce que les sommes soient complètes, les papiers en règle, les formalités remplies, et qui adresse le tout au trésor. Il assure de même le paiement des amendes et régularise les papiers qui les concernent.

» Aux services forestiers, il donne tous les renseignements sur les forêts, au fur et à mesure que le pays est convenablement exploré. Il prend des mesures pour rendre possibles les tournées des agents forestiers et leur existence au milieu du pays arabe, lorsqu'ils y sont à demeure fixe.

» De même avec le domaine : renseignements divers, dénonciation au domaine de ce qui doit appartenir à l'État, location de biens domaniaux.

» Pour les travaux publics, le bureau arabe, le premier, propose les travaux à faire en territoire arabe ; il prescrit les corvées, les transports indigènes, et les fait exécuter ; il fait percevoir, d'après les ordres du commandant supérieur, les cotisations volontaires, ou dites volontaires.

» Au point de vue de la colonisation, il étudie toutes les demandes de concession, fait des rapports à l'appui de ces demandes, veille aux relations des colons déjà installés avec les indigènes, écoute les plaintes réciproques.

» Enfin toutes les fois qu'il y a une action à exercer sur les indigènes, c'est le bureau arabe qui est tout d'abord saisi ; toutes les fois qu'ils ont à se manifester d'une manière quelconque, courses, fêtes, etc., c'est le bureau arabe qui les informe, les dirige, les commande et pourvoit à tout.

» Le bureau arabe surveille également la religion et l'instruction publique.

» Dans les tribus, il n'y a pas de personnages officiels chargés de ces fonctions; mais le bureau arabe ne doit pas perdre de vue les religieux autour desquels se réunissent volontairement les fidèles, ni les tolba de dernière classe, ou maîtres d'école, qui donnent aux enfants un enseignement tout à fait primaire.

» On voit ce que c'est que le bureau arabe (1). »

On a de tout temps, et surtout depuis le

---

(1) *Souvenirs d'un chef de bureau arabe,* page 5 — 11.

fameux procès Doisneau, beaucoup trop crié contre les bureaux arabes. On trouve partout des hommes accomplissant des actions misérables, et il serait souverainement injuste de faire peser sur un corps tout entier le crime ou la honte d'un de ses membres. Croit-on, par exemple, que je me regarde comme flétri, déshonoré parce que l'assassin de l'archevêque de Paris appartenait au clergé et portait mon habit? — à chacun ses œuvres et la responsabilité de ses écarts.

Mais l'administration des bureaux arabes, « qui a produit de si bons résulats (1), » aurait pu en réaliser de bien plus importants encore et surtout en préparer d'immenses pour l'avenir, si les conditions dans lesquelles elle est établie, ne s'y étaient pas toujours opposées. Ce grave inconvénient que j'avais l'honneur de signaler, dès 1855, à M. le maréchal Randon, l'Empereur lui-même, avec le sens pratique qui le distingue, le reconnaît ; aussi conseille-t-il à M. le duc de Magenta « d'éviter les mutations fréquentes parmi les chefs des bureaux arabes (2). »

(1) Lettre de l'Empereur, page 72.
(2) Lettre de l'Empereur, page 84.

Voilà, en effet, la pierre d'achoppement ! Mais comment l'éviter ? — Un officier serait-il donc condamné à perpétuité à cette vie, si pénible et si dure, de complet isolement, pour cela seul qu'il a su s'élever à la hauteur de son mandat et qu'il l'a noblement rempli ? A ce prix, personne ne voudrait plus entrer dans cette administration. On donnera à cet officier de l'avancement sur place, je le veux bien, mais cette faveur, quelque douce qu'elle soit, ne compenserait nullement pour lui les désagréments de la résidence en pays arabe ; en outre, cette situation ne saurait indéfiniment se prolonger, et alors l'inconvénient reparaît dans toute sa force ; car les chefs supérieurs, qui doivent savoir et vouloir tirer le meilleur parti possible de leurs instruments, manqueraient à leur devoir, s'ils n'appelaient pas cet officier à déployer, sur un plus vaste théâtre, les belles qualités dont il a fait preuve dans un commandement inférieur.

Une nouvelle organisation, quelque parfaite qu'on la suppose, ne saurait remédier à cet inconvénient ; il ne peut venir, en effet, à l'esprit de personne de décréter l'inamovibilité pour ces officiers ; et cependant, ces mutations si souvent répétées, parmi les commandants de cercle et les chefs des bureaux arabes, sont désastreuses, les indigènes eux-mêmes s'en plaignent et elles portent un coup terrible à notre influence.

Si je dis que notre administration est loin d'être en vénération chez les indigènes, personne ne songera à me démentir ; mais si j'ajoute que nous n'avons presque rien gagné en influence depuis la conquête, tout le monde criera à l'exagération. Si l'on y réfléchissait bien, on finirait par convenir pourtant que cette prétention, qui ressemble à une énormité, doit être exacte, — mais il faut s'entendre.

Un homme peut devenir tout à coup populaire, mais il ne sera jamais, quoiqu'il fasse, subitement influent. La popularité, une action d'éclat quelquefois la donne, tandis que l'influence, c'est le temps seul qui la procure ; la première est éphémère et rapide comme le jour qui la voit naître, la seconde, au contraire, se développe et grandit en raison des motifs qui l'ont fait éclore ; celle-là, n'est presque jamais réfléchie, c'est un délire qui passe aussi vite qu'il a commencé brusquement ; celle-ci, provient de la réflexion même, elle ne saisit pas comme le bruit d'une bombe qui éclate, mais pareille à une tache d'huile, imperceptible d'abord, elle s'étend et gagne peu à peu le terrain, dont elle devient enfin maîtresse. On peut être un malhonnête homme, et populaire en même temps, on ne réussit à être influent qu'après avoir rendu de nombreux et signalés services. La popularité est le plus souvent de l'engouement et une espèce de folie, l'influence est toujours une suite de l'amour et de la reconnaissance qu'on inspire. Je me méfie du vaniteux qui ne cherche dans la popularité qu'il convoite, qu'une flatterie pour son orgueil, mais je m'incline devant le sage qui ne voit dans l'influence qu'il poursuit, qu'une satisfaction pour les sentiments les plus élevés de son cœur. Le grand talent (car ce n'est là bien souvent que du savoir-faire) serait de pouvoir joindre au prestige que donne la popularité, la puissance de persuasion qui découle naturellement de l'influence. Or, les hommes qui possèdent ce talent sont rares.

Ainsi, en Afrique, nous avons eu des officiers et des généraux populaires, je veux dire très connus comme soldats parmi les arabes, mais je cherche vainement un homme qui ait eu, comme administrateur, chez le même peuple, une réelle influence. Il serait souverainement injuste de leur en faire un reproche, car une seule chose leur a manqué pour atteindre ce magnifique résultat : le temps, — ce qu'il est bien facile de démontrer.

Le maréchal Bugeaud, autant que cela est possible à un fonctionnaire aussi élevé, a failli obtenir cette influence, les indigènes avaient foi en lui et l'estimaient à cause de la loyauté de son caractère, mais il n'a eu que le temps de les vaincre et non celui de s'en faire aimer. Si le maréchal Randon fût demeuré quelques années encore à la tête du gouvernement de l'Algérie, il y serait sans doute arrivé, et précisément par les qualités qui distinguaient le duc d'Isly, avec une activité intellectuelle plus grande peut-être. Le maréchal Randon *avait des yeux partout*, savait tout, lisait tout ce qui s'écrivait sur l'Afrique, dirigeait tout, se faisait rendre compte de tout, aucun détail de son vaste commandement ne lui était étranger. Il est inouï qu'un homme ait pu suffire à une pareille tâche et n'en ait point été écrasé.

Mais c'est en agissant ainsi, c'est en portant une main intelligente partout où le besoin l'appelle, qu'un chef d'administration réprime les abus et acquiert sur les populations confiées à sa sollicitude, une véritable et sérieuse influence.

Les commandants supérieurs de cercle et les chefs des bureaux arabes n'ont pas été plus heureux jusqu'ici dans la conquête de cette influence. Plus qu'à personne cependant, elle leur est nécessaire, et leur devoir bien compris, leur impose l'obligation de s'efforcer de l'obtenir. Leur mission, en effet, consiste encore plus *à rallier* qu'à gouverner.

On a parlé d'abus..... L'Empereur ne les dissimule pas. Aussi, avec l'autorité de sa haute raison, conseille-t-il de ne plus confier « les fonctions délicates de chefs de bureaux, à de jeunes officiers sans expérience (1). » C'est, en effet, exposer ces jeunes gens à faire de tristes écoles d'abord, puis à des séductions auxquelles tous les caractères ne sont pas capables de résister. Les lieutenants ou sous-lieutenants ne rempliront donc plus à l'avenir que le poste d'adjoints ou de stagiaires (2). » Eh bien ! même dans cette position inférieure, il faudrait

---

(1) Lettre de l'Empereur, page 73.
(2) Lettre de l'Empereur, page 73.

à ces jeunes gens toute la froideur d'un jugement éprouvé et la vertu d'un Scipion pour ne pas broncher en route.

Adjoints ou stagiaires, ces officiers font partie du bureau arabe, et c'est assez pour que l'indigène, riche ou pauvre, puissant ou obscur, les reconnaisse et les traite comme des supérieurs. Or, pour peu qu'on ait seulement assisté à un marché en territoire militaire, on sait de quelle façon ils sont entourés par les Arabes! Comment veut-on qu'un jeune homme, de vingt ans, par exemple, n'éprouve pas une sorte de vertige et ne se croie pas un personnage, en se voyant encensé, fêté, caressé de la manière la plus enthousiaste et avec des démonstrations de respect, d'affection, de dévouement si parfaitement jouées? — Arrive-t-il? Tout le monde se lève et s'incline; on se presse autour de lui, on se dispute sa main pour la baiser, ceux qui ne peuvent pas saisir sa main se rejettent sur son genou, les moins favorisés s'adressent à son cheval, qui se laisse faire. — Veut-il mettre pied à terre? On se précipite, qui à l'étrier, qui à la bride, qui pour le débarrasser de sa canne, de son caban, etc. — Veut-il, au contraire, monter à cheval? L'empressement est le même et on l'escorte. De plus vieilles moustaches n'y résisteraient pas. — Mais ils se blasent vite, car ils ne tardent pas à pénétrer le vide et le néant de toutes ces attentions et de tous ces respects. — Mais, si tout d'abord, ils ne sont pas excessivement réservés, et le moyen, quand on est sans expérience? S'ils ont le malheur d'accepter ou de solliciter quoi que ce soit d'un de leurs administrés, tout de suite et de toutes parts, les offrandes pleuvent sur eux : c'est du gibier, des oiseaux curieux, des peaux de panthères, de hyènes, de renards, de chacals, des tapis, des œufs et des plumes d'autruche, que sais-je ? C'est un calcul : l'arabe, pour capter la bienveillance d'un des membres du bureau, descendra même jusqu'au dernier degré de la honte..... Un officier n'est pas un moine, il le sait, et à l'occasion, il en profite sans aucun scrupule.

Oui, il y a eu des abus, et sans doute aujourd'hui il en existe encore. Ne soyons pas trop sévères ; partout où il y a des hommes, on est sûr d'en rencontrer, — mais si l'on comprenait bien tout ce que la position des commandants de cercle et des chefs des bureaux arabes offre de pénible, tout ce qu'il leur faut déployer d'intelligence, de zèle et d'activité pour accomplir consciencieusement leur mission, on serait à leur égard, j'en suis persuadé, généralement plus indulgent.

Voyez la tâche épouvantable, — outre tout ce que j'en ai déjà dit, page 5 à 11, qui attend le commandant supérieur ou le chef du bureau arabe, à son arrivée dans son cercle. D'avance, on peut être certain qu'il n'emboîtera pas exactement le pas de son prédécesseur ; il voudra faire plus que lui, mieux et surtout autrement que lui !..... Ne nous récrions pas, car placés dans les mêmes circonstances, nous agirions de la même manière. C'est là l'histoire de l'homme qui n'est point parfait sous le soleil.

A peine installé, son premier soin est de prendre connaissance du pays qui lui est confié, d'étudier ses administrés, leurs dispositions, leurs tendances. Quant à leurs besoins, à les en croire, ils ont besoin de tout, surtout de ne pas payer d'impôts ! — Ceci n'est rien encore. Il faut en outre qu'il acquière des notions exactes sur les ressources des territoires, quelquefois immenses, placés sous son commandement, qu'il découvre les innovations à tenter, les réformes à imposer, les abus à réprimer, les améliorations à introduire. Il faut enfin qu'il s'assure du dévouement, de la fidélité, du zèle, de l'intelligence et de la probité des agents, souvent nombreux, appelés à travailler sous ses ordres. Tout cela n'est pas facile.

Le pays, il pourra bien le parcourir et le visiter en détail, sans rencontrer d'obstacles ; les ravins lui montreront bénévolement leurs abîmes les plus profonds, les montagnes leurs sommets les plus escarpés, les plaines leur monotone étendue, — mais lorsqu'il s'agira d'entamer l'Arabe, ce sera une toute autre affaire !... Je l'ai déjà dit quelque part, l'indigène, le plus naïf en apparence, *est fin comme un sauvage.* Le diplomate le plus habile se laisserait dérouter par ses ruses ; l'homme le plus impitoyable, surprendre et attendrir par ses hypocrites protestations. Malin comme un vieux renard, il est passé maître en l'art du mensonge ; rien ne lui coûte pour tromper lorsqu'il y voit un intérêt, même le plus minime ; pleurs bruyants, supplications ardentes, renseignements perfides, faux témoignages impudents, jurements sacriléges, corruption effrontée, — il ne recule devant aucune infamie, aucune bassesse ne lui répugne; il se prosternera dans la poussière de vos pieds, il baisera les sabots de votre cheval, pour arriver au résultat qu'il ambitionne. Son marabout calmera, s'il en a, les scrupules de sa conscience. D'ailleurs, tout n'est-il pas permis pour *couvrir les yeux de l'infidèle?* Et si, au moyen des ressources qu'il a déployées, ressources que le plus candide d'entre eux possède à un degré éminent, il est parvenu à ses fins, quel succès! Le soir, celui qu'il a ainsi abusé est victorieusement raillé sous sa tente, l'Arabe rit avec ses amis du bon tour qu'il lui a joué, et ensemble, ils le flagellent d'un mot qui est presque un éloge : « *Il ne connaît pas les Arabes,* disent-ils, *il ne sait pas!* »

Que de fois n'ai-je pas vu des officiers très-capables, littéralement sur les dents, ne sachant plus comment s'y prendre, ni à quel saint se vouer, et cela pour obtenir un simple renseignement sur un vol commis, sur un assassinat perpétré! Entrez dans la salle d'audience de n'importe quel bureau arabe de l'intérieur, et examinez attentivement, pendant qu'on l'interroge, l'indigène accusé d'un méfait ou seulement dénoncé comme témoin ou complice, et

vous aurez parfois un spectacle curieux. Courbé plutôt qu'appuyé sur un bâton (1), le burnous sale et déchiré, les pieds nus, l'Arabe se tient en face du bureau, tandis que ses coreligionnaires, en grand nombre si la porte est libre, se pressent le long des murailles, froids, impassibles en apparence, mais se disant *in petto :*
« Voyons comment celui-ci va s'en tirer ! »

L'interrogatoire commence. L'indigène répond sans hésiter aux premières questions d'usage et qui ne sauraient le compromettre, sur son nom, sa demeure, sa profession, s'il en a une ; quant à son âge, on sait généralement que l'Arabe ne songe jamais à ce détail : *il vit jusqu'à la mort*, sans s'inquiéter à quel moment il est entré dans la grande famille humaine (2). L'officier continue et pénétrant alors dans le vif de l'affaire, il explique aussi clairement

---

(1) Le bâton n'est pas toujours toléré.

(2) C'est de la fatalité. Aussi Dieu sait de quelles suppositions absurdes et toujours malveillantes pour nous, les Arabes ont accueilli l'apparition des registres des naissances dans les localités où nous avons jugé à propos de les établir ! Ce n'est qu'à force de menaces et d'amendes qu'on les amenait à faire les déclarations nécessaires, et encore nous en échappe-t-il bien souvent. — « Ces Roumis (chrétiens) sont incroyables, disaient-ils, ne voilà-t-il pas qu'ils veulent savoir quand nos femmes auront des enfants ? » — Lorsque, pour établir la statistique de l'Algérie, nous avons demandé le nombre des chevaux, des

que possible à l'accusé ou témoin ce qu'il exige et attend de lui. Durant cet exposé l'enfant d'Ismaël ne sourcille pas ; on chercherait en vain sur sa figure de bronze l'indice d'une émotion quelconque ; on le prendrait, tant il garde une immobilité complète, pour une statue drapée de haillons, si l'on ne voyait ses yeux ardents dévorer pour ainsi dire les yeux de l'officier qui lui parle. On dirait qu'il l'écoute, absorbé dans une attention profonde, il n'en est rien ; en réalité, *il étudie son juge.*

L'officier se tait et attend une réponse, mais l'Arabe ne bouge pas : *il réfléchit...* Puis tout à coup, une sorte de cri interrogatif, qu'aucun gosier français ne peut rendre, s'échappe de sa poitrine : *Il n'a pas compris !...* C'est à recommencer.

L'officier reprend et de nouveau explique la

bœufs, des vaches, etc., nous n'avons soulevé chez les indigènes qu'un immense éclat de rire, et ils n'ont vu là qu'une *niaiserie* de plus, — mais enregistrer aussi leurs enfants ? C'était grave ! Impossible de leur faire comprendre la sagesse et l'utilité de cette mesure ; à toute force, ils voulaient y voir un but infernal et une machination diabolique ; « Oualache ! Mais pourquoi, s'écriaient-ils, indignés, pourquoi ? » J'ai eu beau faire, je n'ai jamais pu répondre à ce *pourquoi* de manière à les délivrer de toute inquiétude. — On peut lire, à ce propos, dans les *Souvenirs* de M. Hugonnet, page 145, une singulière histoire, touchant les répugnances des arabes pour la vaccine.

cause et pose les questions. Cette fois, il a été clair, précis, positif, il le croit du moins, il n'y a pas moyen de lui échapper. Mais il semble que la fatalité s'en mêle, l'Arabe ne répond pas davantage ; seulement il change de tactique. Redressant sa taille, inclinée jusque-là, il se tourne lentement à droite et à gauche vers ses coreligionnaires qui l'admirent, et avec le calme parfait de la conscience la plus pure, il laisse tomber un : « *Qu'est-ce qu'il dit (ach igoul?)* » qui exaspère le pauvre officier. — N'est-ce pas, en vérité, à l'assommer sur place ?

Il arrive parfois que la scène se complique d'incidents non prévus, mais pourtant assez ordinaires. Si, par malheur, un mekhasni (1) intervient en apostrophant l'accusé, si le chaouch (2) dit un mot, c'est à ne plus s'entendre ! L'indigène se retrouve, il est là dans son élément : c'est une prise de bec ! Les cris, les vociférations, les dénégations, les protestations, les injures les plus grossières et les plus obscènes, les noms des marabouts les plus vénérés invoqués comme appuis, tout cela va, vient, se

(1) Sorte d'agent de police qui tient le milieu entre le gendarme et l'espion.
(2) Espèce de Michel Morin dans les bureaux, *homme à tout faire*.

heurte, se croise ! La galerie aussi s'en mêle, on se prend par le burnous, on se pousse, on se presse, on se bouscule, on se cogne, on va s'étrangler !... La bataille finie, le silence retrouvé, personne n'a de mal ; la vermine seule reste sur le carreau. Le chef du bureau arabe est furieux, mais il est à bout. L'indigène a réussi jusqu'à revoir.

Voilà, en abrégé, la vie que mène presque chaque jour l'officier chargé de la direction des arabes. Je n'ai pu en dire ici que quelques mots, mais ceux de mes lecteurs qui désirent en savoir davantage, n'ont qu'à lire le petit livre si intéressant de M. le capitaine Richard : *Scènes de Mœurs arabes* (1), qui est vraiment un chef-d'œuvre d'observation ; c'est l'indigène pris sur le fait et mis à nu.

Connaître à fond les Arabes, n'est donc pas une petite besogne, et tel qui se vante de les pouvoir *rouler*, pourrait bien n'être à leur égard qu'un écolier présomptueux en matière de finesse.

Je n'ai exposé encore qu'une bien faible partie du travail et des ennuis qui saisissent l'officier

---

(1) Un petit volume in-18, Paris, Challamel aîné.

à son entrée dans un nouveau commandement. Lorsqu'il s'agira de sonder les hauts fonctionnaires indigènes, de graves difficultés, des obstacles sérieux, presque impossibles à surmonter et à franchir, s'élèveront partout sous ses pas. Tous se plaindront les uns des autres et ne seront parfaitement d'accord que sur un point : l'empêcher de voir les choses telles qu'elles sont et le tromper de toutes les manières. Les kaïds crient contre le kaïd des kaïds, qui crie contre le khalifa, qui crie contre l'agha, qui crie contre le bach-agha, qui les dénonce tous ! Quelle intelligence, quelle sagacité, quelle prudence, quelle patience surtout ne lui faut-il pas pour se tirer de ce dédale inextricable où tout ce qui l'entoure conspire secrètement contre lui et est intéressé à le voir s'égarer !

Mais admettons qu'il en ait le dernier mot et en sorte à son honneur, qu'il connaisse son cercle comme une ville de garnison la plus aimée, et qu'il sache à la lettre ses administrés par cœur; sa vie n'en sera ni plus douce ni moins agitée.

Vient le tour des projets; commence la terrible corvée des améliorations.

Balzac a dit, je ne sais plus où, que dans

la grande machine administrative française, *le rapport est un apport.* — C'est là une grande vérité, au moins pour les commandants supérieurs et les chefs des bureaux arabes! depuis en effet que l'Algérie est à peu près pacifiée, que les indigènes courbent la tête sous notre autorité comme sous le joug d'une fatalité pour le moment impossible à vaincre, les officiers répandus dans l'intérieur de notre colonie, n'ont que ce seul moyen de se mettre en évidence et d'appeler vers eux l'attention : c'est là le mauvais côté de la paix. Ainsi, plus de ces hardis coups de main, plus de ces magnifiques razzias qui élevaient brusquement l'officier sur un piédestal et lui aplanissaient les difficultés de l'avancement; créé pour l'action il est aujourd'hui obligé de se faire homme de cabinet; au lieu de l'épée et des enivrements de la poudre, la plume et les abominables paperasses! Les imprécations de Camille ne sont que de l'eau claire auprès des belles colères dont j'ai été témoin. Mais qu'y faire ? — Va donc pour le rapport!

Les projets s'établissent et chaque projet est nécessairement accompagné d'un rapport, de même que toute amélioration réalisée est à son tour l'objet d'un autre rapport. — Mais, pour exécuter ces projets, effectuer ces améliorations, il faut des bras et de l'argent. Or, si les bras sont rares, l'argent est plus rare encore, mais il y a un moyen de tout concilier : les Arabes feront des corvées et ils se cotiseront pour fournir l'argent nécessaire. On peut voir dans les *Souvenirs d'un chef de bureau arabe*, page 139-40, de quelle façon s'établit d'ordinaire cette cotisation *volontaire*, toujours !..... Et comme dans un pays où tout est à faire, projets et améliorations se succèdent sans interruption, il arrive un moment où les indigènes ne respirent plus.

Le commandant du cercle ou le chef du bureau arabe n'était qu'indifférent ou seulement détesté, maintenant, il est maudit !

L'indigène n'est qu'un grand enfant mal élevé. Il ne réfléchit pas. Il lui faut donc du temps pour comprendre le but auquel veut arriver cet officier, le résultat qu'il désire atteindre et les avantages que lui-même en retirera. Dans dix ans, il s'apercevra peut-être que depuis que le marais voisin est assaini, il n'est plus dévoré par la fièvre ; que la route qui traverse ses plaines et côtoie le flanc de ses montagnes est préférable aux abominables petits sentiers tracés par le pied inintelligent de ses pères ; que les puits et les barrages qui lui ont coûté tant d'efforts et pour lesquels on a saigné si cruellement sa bourse, ont rendu la vie à son aride territoire et doublé sa richesse ; et alors il rendra justice à celui qu'il avait détesté sans le connaître, il bénira le nom de l'homme qu'il avait maudit en le croyant mauvais!... Mais cet homme qui, aujourd'hui pourrait réaliser des merveilles, *car les âmes lui appartiennent*, cet homme n'y sera plus !

Après avoir passé trois ou quatre ans dans ce cercle, usé son intelligence, son activité et sa vie à des travaux qui ne seront appréciés par les arabes que lorsqu'il aura disparu, — il rentre dans les rangs de l'armée active, ou passe à un commandement plus important où l'attendent les mêmes peines, les mêmes travaux, les mêmes fatigues, sans aucune compensation pour son cœur, — et son successeur, qui se trouvera dans les mêmes conditions, ne recueillera rien de son héritage, que la haine !

Voilà le mal. Il est grand, il est profond, il est immense, et au point de vue de *l'assimilation* des races, ses conséquences sont incalculables. Il me suffit maintenant de le constater.

On le voit donc, d'après la position qui leur est faite, le temps manque aux commandants de cercle et aux chefs des bureaux arabes pour se faire apprécier et aimer de leurs administrés et pour acquérir sur eux une solide et véritable influence. Ils arriveront, je le veux, à des résultats matériels par la force, jamais ils n'obtiendront les magnifiques avantages que donnent la reconnaissance, le dévouement et l'amour. Ils pourront bouleverser le pays, mais ils ne le civiliseront pas ; ils enrichiront l'Arabe, mais ils ne le feront jamais Français. En un mot, *les corps seront à nous, jamais les âmes !*

L'Empereur a donc mille fois raison d'abord de vouloir « éviter les mutations trop fréquentes parmi les chefs des bureaux arabes (1) ; car « tel officier fera régner la tranquillité dans un territoire où tout autre déchaînerait le désordre et l'anarchie (2) ; » ensuite, « d'exiger des bureaux arabes moins d'administration, et plus de politique (3). »

(1) Lettre de l'Empereur, page 84.
(2) Lettre de l'Empereur, page 72.
(3) Lettre de l'Empereur, page 74.

Dieu nous préserve surtout, dans ces postes si
« délicats » des ambitieux, qui veulent réussir
à tout prix, et à qui aucun moyen ne répugne
pour se mettre en évidence, s'avancer, se grandir, conquérir des honneurs et des grades, et
séduire leurs chefs par l'éclat d'un zèle, la
plupart du temps stérile, quand il n'est pas
dangereux. Malheureusement, il s'en trouve
partout de ces hommes remuants et avides?...
L'armée française qui porte si haut le sentiment de l'honneur et qui donne chaque jour
des preuves du plus noble désintéressement, ne
saurait échapper à cette règle générale. Mais si
parmi les autres classes de fonctionnaires, cette
soif insatiable de distinction, est seulement préjudiciable au bien et à la dignité du service,
chez les commandants supérieurs de cercle et
les chefs des bureaux arabes, elle a une bien
autre importance! Outre qu'elle est d'un pernicieux exemple pour les officiers consciencieux
et honnêtes qui accomplissent leur devoir, sans
jouer de la trompette, et pour le devoir lui-
même, avec dévouement, sans platitude et sans
flagornerie, laissant à leurs œuvres le soin de
les faire distinguer aux yeux de leurs supérieurs, — elle froisse et irrite constamment,

par des mesures imprudentes, les cœurs qu'il faudrait, au contraire, s'attacher à séduire et à gagner. Puisque l'Empereur lui-même le déclare, il faut le croire : « ..... le langage et la conduite de quelques officiers des bureaux arabes n'ont pas été sans influence sur l'esprit de certains chefs (indigènes) qu'ils ont poussés dans l'insurrection (1). »

D'où cette conclusion pratique : ou ces officiers étaient inexpérimentés, incapables ou légers, et alors ils étaient parfaitement déplacés dans ces bureaux où il faut, avant tout, des hommes initiés de longue main aux mœurs arabes, extrêmement intelligents, d'une nature froide et réfléchie; ou c'étaient des ambitieux, et leur « conduite » s'explique tout naturellement par un proverbe fort connu : « *On ne pêche bien qu'en eau trouble.* »

Qu'on me comprenne bien ; ce n'est point ici une accusation que je formule, mais seulement une crainte que je crois pouvoir énoncer sans blesser les susceptibilités de personne. Mon livre n'est point une œuvre d'opposition, encore moins de parti et de dénigrement, mais

---

(1) Lettre de l'Empereur, page 73.

de conviction et de conscience. Si donc je prétends qu'il peut se rencontrer dans notre armée des officiers ambitieux, en prenant ce mot dans sa plus mauvaise acception, mêlés aux affaires arabes, il me semble que cette prétention n'a rien d'étrange ni d'offensant et qu'elle est raisonnablement admissible. Cela dit, examinons le mal que pourrait causer un de ces ambitieux, si jamais il s'en trouvait ayant autorité sur les indigènes.

Pour un commandant de cercle ou un chef de bureau arabe, chez qui l'envie démesurée de parvenir fait taire la conscience et paralyse le cœur, les indigènes ne sont plus rien — que de vils instruments, dont il use et abuse, pour arriver à ses fins. Tantôt, il les exaspère par des vexations calculées et de tous les jours, — et rendus fous par le désespoir, les malheureux cherchent alors un moyen de salut dans la révolte ; ou bien, il les épuise en corvées et les ruine en cotisations *volontaires* pour des travaux de toutes sortes, utiles peut-être, mais qu'un simple sentiment d'humanité devrait faire ajourner à un autre temps, — et les infortunés, à bout de forces et de ressources, qui ne savent à qui réclamer ou qui n'osent, se résignent à cette fatalité en appelant les malédictions de Dieu sur la tête de cet homme sans entrailles. Dans le premier cas, il trouve un double avantage : une razzia et la matière d'un bulletin, quelle chance ! Dans le second, le rapport, *qui est un apport,* fait son chemin, et le plus souvent, l'officier fait aussi le sien à grands pas à sa suite. Les chefs supérieurs, à qui il est impossible de voir les choses par eux-mêmes, y sont presque toujours pris.

Pour les Arabes, tomber sous la direction d'un tel fonctionnaire, si jamais il en existait de cette force, serait une de ces éventualités funestes qu'on ne saurait assez déplorer. A mes yeux, comme aux yeux de tous ceux qui ont quelque souci du rôle civilisateur que nous sommes appelés à remplir en Algérie, un pareil homme serait un grand coupable ! D'abord, il ferait tort à ses collègues plus honnêtes, moins bruyants et parfois plus capables, en avançant à leur préjudice; puis, chose grave ! il les découragerait dans la volonté du bien, et il pourrait arriver qu'à son exemple, et pour jouir des avantages qu'il y a rencontrés, il les précipitât dans la route du mal. Ce n'est pas tout, cet homme ferait pis encore; par sa conduite odieuse et tyrannique, chose capitale ! il déconsidérerait ses collègues dans l'esprit des indigènes, il les empêcherait d'acquérir sur eux cette influence sans laquelle leur mission demeurera toujours stérile, et il sèmerait des haines terribles dont ses successeurs recueilleraient les vengeances sans pitié ! Enfin, il trahirait à la France en transformant en un mandat de honte et de barbarie, la noble et sainte tâche dont elle l'avait chargé ! il mentirait à l'honneur, en trompant sciemment la confiance de ses supérieurs ! il violerait la foi jurée, en foulant aux pieds les engagements qu'il a contractés en acceptant son commandement ! — Qui oserait se lever pour le défendre ? et qui pourrait dire tout le mal qu'il aurait fait à la cause qu'il avait mission de protéger ?... Il aurait eu cependant à remplir un de ces rôles bien faits pour captiver un cœur généreux, l'élever, le séduire et dans lequel il aurait largement trouvé de quoi exercer à la fois toutes les qualités qui doivent distinguer un administrateur intelligent et habile. Le rôle que tant d'autres embrasseraient avec enthousiasme, il ne l'aurait pas compris, ou il l'aurait méprisé : à tous les points de vue, il en était indigne.

On trouvera peut-être que je m'arrête longuement et avec complaisance sur ce sujet. C'est que pour l'avenir de l'Algérie, rien n'est plus important, et voilà pourquoi j'y insiste. Les commandants de cercle et les chefs des bureaux arabes sont, en effet, les hommes qui peuvent le plus en ce moment pour *l'Assimilation*, pour nous rallier et nous gagner le cœur des Arabes.

Je l'ai dit : l'indigène est un grand enfant. Ce n'est pas sa faute, c'est celle du Koran, de la doctrine fataliste qu'il lui prêche et qui le retient captif enchaîné dans une sorte d'abrutissement moral. Eh bien ! c'est aux commandants de cercle et aux chefs des bureaux arabes que la France a confié le soin délicat autant que difficile *d'élever* ce grand enfant, de lui ouvrir les yeux, de lui délier les jambes et de lui enseigner à marcher, en un mot, *de lui servir de pères après lui avoir fait sentir que nous sommes les maîtres*. Quelle grande mission que la leur, et comment ne pas s'y attacher avec une sorte de passion? Mais aussi, quelle flétrissure mériteraient-ils, ceux qui se détourneraient de la voie qu'elle leur trace ! — C'est à ces fonctionnaires, en effet, à conquérir la confiance des Arabes par leur douceur dans le commandement, douceur qui n'exclue pas la fermeté, par leur bonté à écouter leurs plaintes, leurs griefs (1), et à y faire droit, et à leur prouver, *par des faits,* dans toutes les occasions, que leurs intérêts leur sont chers et qu'ils ont en eux des hommes qui savent les défendre ; c'est à eux à protéger les petits et les faibles, les plus nombreux ! contre les excès de pouvoirs, les exactions sous tant de formes (2), et les mille petites avanies qu'exercent sur eux les chefs indigènes ; c'est à eux à les disposer, par la persuasion, à introduire chez eux des améliorations utiles, à entreprendre des travaux fructueux, à se livrer à des réformes salutaires, soit pour eux-mêmes, soit

---

(1) Lettre de l'Empereur, page 75.
(2) Qu'on en juge . « Ce qu'il y a de réellement repoussant dans la société indigène, ce sont les abus d'autorité et les exactions des chefs... Sur certains points, les chefs font argent de tout. L'autorité supérieure demande-t-elle une corvée de 200 bêtes de somme, le chef de la tribu en commande 300, et en relâche ensuite 100 moyennant une contribution. Le chef est chargé de distribuer annuellement les terres de la tribu ; il le fait en donnant les meilleurs morceaux à ceux qui le paient le mieux. On demande des cavaliers pour les goums, les courses ; le chef s'adresse à un grand nombre, et finit par forcer à l'accompagner ceux qui ne peuvent rien donner. Au printemps, il fait la récolte du beurre ; chaque tente en donne une certaine quantité. Puis ce sont les laines, les grains, les dattes, les olives, ou les fruits, selon le pays, le bois, etc. Le chef fait des cadeaux, la tribu paie ; le chef fait bâtir, la tribu paie ; le chef reçoit des récompenses des Français, la tribu paie en signe de joie ; au contraire, il est puni, la tribu paie en dédomma-

pour une meilleure exploitation de leur fortune, et à leur en faire bien apprécier les avantages ; c'est à eux à leur inculquer, par degré, le respect de la propriété d'autrui, l'esprit d'ordre, de conduite, le sentiment du bien-être qui naît de la propreté, par des conseils et même des récompenses ; c'est à eux à les relever, *surtout par l'exemple*, de l'abaissement moral où ils sont plongés, car ils ne savent guère plus rougir, en faisant revivre en eux, par des avertissements et des réprimandes, l'instinct si naturel de l'honnêteté, de la réserve et de la décence, dans leurs actes et dans leurs paroles ; c'est à eux à les amener progressivement à de meilleurs pro-

gement ; le chef voit des enfants lui naître, la tribu paie les réjouissances ; il perd des membres de sa famille, la tribu paie les larmes ; le chef se met en route pour un long voyage, le pélerinage, par exemple, la tribu paie le départ, elle paie encore le retour. C'est toujours le même refrain à toute espèce d'incidents, bons ou mauvais, qui se produisent dans l'existence des chefs. Je ne parle pas des cas où le fonctionnaire musulman aurait à poursuivre un délit qu'il consent à cacher moyennant finance..... Je ne parle pas des grands chefs, des ducs de Bourgogne algériens, ce serait bien autre chose..... Panurge connaissait « soixante-troys manières d'avoir de l'argent toujours à son besoing. » Le sectateur de Mohammed est, je crois, encore plus fort ; la main sans cesse sur le pouls de sa tribu, pour sentir jusqu'à quel point il peut lui faire rendre gorge, il est passé maître dans l'art difficile de plumer la poule sans trop la faire crier *(Souvenirs d'un chef de bureau arabe*, pages 70-73).

cédés de culture, s'ils habitent un territoire où la culture est possible, et à leur inspirer le désir des innovations profitables en ce genre, et à tous, dans le désert comme ailleurs, à donner des soins plus intelligents à leurs troupeaux et à en améliorer la race par des croisements bien entendus ; c'est à eux à détruire peu à peu, *sans insulter à leur foi,* les superstitions grossières dont ils sont les malheureux esclaves, les préjugés qu'on a fait naître dans leur esprit contre nous, à leur démontrer, par des raisonnements simples et à leur portée, l'impuissance et le ridicule des amulettes écrites dont ils se couvrent, et à substituer, par tous les moyens possibles, leur influence à celle si pernicieuse des marabouts ; c'est à eux à relever les femmes, puissant moyen d'influence ! de l'abjection où elles sont tombées en pays arabe, en travaillant sans relâche à inculquer à celles que les circonstances conduisent dans leurs bureaux, le sentiment d'une dignité qu'elles n'ont guère, la fidélité dans le mariage qu'elles pratiquent peu, le goût de la propreté qu'elles n'ont pas du tout, et à bien persuader aux hommes qu'ils doivent les considérer comme des compagnes qui leur ont été données par Dieu, et devant la justice duquel elles ont les mêmes droits ; c'est à eux à leur faire aimer les Français, bénir la France, à imprimer profondément dans leur cœur le sentiment de sa richesse, de sa force, de sa puissance, de sa grandeur, et surtout de sa générosité et de sa bonté à leur égard ; à eux enfin, car il m'est impossible de tout dire, la sublime tâche de commencer, de préparer *la conversion, la fusion avec nous, l'assimilation* de ce peuple dévoyé, assimilation sans laquelle, quoique nous fassions, nous perdrons en Algérie notre temps, notre peine, — et notre argent.

Voilà, infiniment abrégée, car il faut se borner, la mission dévolue aux commandants de cercle et aux chefs des bureaux arabes ; voilà ce que la France attend de leur sagesse, de leur honneur, de leur intelligence, de leur dévouement. Elle est belle, elle est noble, elle est sainte, cette tâche, je le répète, mais pour la remplir avec bonheur et succès, elle exige de ceux qui l'acceptent une abnégation personnelle dont bien peu d'hommes ont le courage ; ils doivent, en effet, résister à toutes les séductions qui les entourent, rester sourds à la voix de l'ambition qui les sollicite, fermer leur cœur aux milles petites passions qui se pressent à ses portes, — pour ne laisser agir et parler que le devoir.

Eh bien ! je veux que ces fonctionnaires soient capables de pareils sacrifices, qu'ils aient l'âme assez haute pour s'oublier eux-mêmes, qu'ils aient à la fois la conscience, l'amour et la capacité de leur mission, qu'ils soient, en un mot, ce qu'il faudrait qu'ils fussent tous, des hommes supérieurs et d'une valeur exceptionnelle, — les résultats auxquels ils pourraient légitimement prétendre, et que dans d'autres conditions ils obtiendraient certainement, ces résultats seront toujours chancelants et précaires..... La raison en saute aux yeux.

Voici, par exemple, un commandant de cercle ou un chef de bureau arabe qui connaît parfaitement ses administrés; depuis longtemps il vit au milieu d'eux, il est initié à toutes leurs affaires, à tous leurs besoins, à tous leurs démêlés ; ceux-ci, à leur tour, revenus de leurs préjugés, ont appris à l'apprécier, à l'estimer, à l'aimer ; sa voix est écoutée et entendue, son influence personnelle, conquise par des services de chaque jour, est considérable..... le chemin s'élargit, la voie se fait, encore quelques efforts, et le char du progrès pourra s'y élancer et y courir sans rencontrer d'obstacles..... Mais un jour, on remet à cet officier une lettre, — et il part, désolé peut-être, mais le soin de son avenir le pousse, et il laisse les Arabes qui le chérissaient comme un père, consternés, désespérés ! Ah ! son nom sera célèbre dans les tribus et sous la tente on en parlera longtemps ! Encore s'il était mort à la peine, son tombeau *vénéré* s'élèverait là comme un drapeau et un enseignement, — mais rien de lui ne reste aux indigènes que le souvenir du bien qu'il leur a fait et de ses vertus... Un autre prend sa place ; il ne connaît personne, pour tout le monde, c'est un étranger ; il tâtonne, il étudie, il fait des écoles ; pendant ce temps-là, de leur côté, les Arabes font des comparaisons... Tout s'arrête. Les préjugés renaissent, les inquiétudes revivent, les esprits s'agitent sourdement, les résultats moraux obtenus, les plus essentiels ! s'évanouissent, — et lorsque plus tard, au bout de quelques années, tout sera rentré dans l'ordre, que les indigènes convertis se presseront autour du dernier venu, prêts à le seconder et à le suivre, — celui-ci, appelé à un autre poste, les laissera encore incertains et découragés !

Et il en sera toujours de même, parce que les conditions d'avancement et d'avenir dans lesquelles se trouvent ces officiers le veulent ainsi, et qu'il est impossible de songer à leur en imposer d'autres. Personne n'est obligé de se dévouer au salut d'autrui jusqu'à l'héroïsme.

Donc, malgré les réels et importants services que sont appelés à rendre à la cause de *l'Assimilation*, les commandants de cercle et les chefs de bureaux arabes, on le voit, et je ne crois pas exagérer, ils ne pourront jamais arriver *seuls à recoudre*, à quelque chose de vraiment sérieux et de durable, leur organisation s'y opposant toujours.

Je disais, il n'y a qu'un instant, qu'il faudrait relever les femmes indigènes de l'abjection morale où elles sont tombées (1), et que ce

---

(1) Qu'on me comprenne bien. En m'exprimant ainsi, je n'entends pas me ranger à ce préjugé, fort répandu en France, que les femmes ne jouissent d'aucune espèce de considération chez les Arabes, car c'est le contraire qui est généralement vrai. « *Que diraient nos femmes? que penseraient nos femmes? nos femmes ne voudraient plus nous voir!* » Tel est le cri qui s'échappe constamment de la bouche des indigènes. Souvent même, dans la crainte de passer pour lâches aux yeux de leurs compagnes, ils refusent de se soumettre et de demander la paix avant d'avoir fait parler la poudre. Leur influence sur les hommes est donc incontestable. Mais c'est dans la conduite privée de ces femmes que je vois *leur abjection morale*. Je n'en veux

serait là, pour nous, un grand moyen d'influence..... Il ne nous manque pour cela, comme à peu près pour tout le reste, que d'avoir le *courage de le vouloir*, car nous avons sous la main des instruments admirables qui seraient heureux de s'y dévouer avec ardeur : *ce sont les religieuses.* Il serait donc d'une excellente politique d'établir dans chaque localité où existe un bureau arabe, *des sœurs* pour les malades des tribus, qu'elles visiteraient le plus souvent possible. Leur action serait considérable et auprès des hommes et auprès des femmes surtout ! Elles seules, en effet, peuvent pénétrer dans la partie de la maison ou de la

---

rien dire ici, mais leur libertinage est de notoriété publique ; il ne saurait guère en être autrement. La femme arabe n'a que des sens, et personne ne lui a appris à résister à leurs révoltes ; la réserve, la décence, la pudeur sont des vertus qu'elle ne connaît pas ; sa fidélité dans le mariage naît de la peur, et cette fidélité succombe à la première occasion favorable. Ne la jugeons pas avec trop de rigueur ; la malheureuse ne saurait avoir ce qu'on ne lui a pas donné. Déjà à ce seul point de vue, de saintes religieuses visitant les tribus, et s'entretenant fréquemment avec les filles et les femmes indigènes, seraient extrêmement utiles, et sous le rapport politique, si elles parvenaient à nous rallier le cœur des femmes, celui des hommes serait bientôt à nous. « Nous devons avoir les plus grands ménagements pour la femme des tribus ; elle est plus intelligente que son prétendu maître ; c'est par elle que nous arriverons peut-être le plus sûrement à civiliser les enfants d'Ismaël. » (*Souvenirs d'un chef de bureau arabe*, page 117.)

tente qui leur est réservée, s'entretenir librement avec elles, leur donner par conséquent de précieux conseils, de sages avis, et leur enseigner une multitude de choses utiles dont elles n'ont pas la moindre idée. Ces *maraboutas* seraient un puissant trait d'union de plus entre les Arabes et nous, et un officier à qui l'habit religieux ne ferait pas peur, en tirerait un excellent parti. Voyez à Laghouat, ville presque entièrement peuplée d'indigènes, les services qu'elles rendent, l'influence qu'elles ont obtenue, et de quel respect on les entoure ! Ces faits devraient pourtant servir d'exemple et être un enseignement.

Un autre obstacle que celui de ces mutations, qu'on ne peut pas éviter, se dresse encore devant le zèle des commandants de cercle et des chefs des bureaux arabes. C'est que le territoire sur lequel ils ont à l'exercer, est trop étendu et les individus qui l'habitent trop nombreux. Ainsi, il y a en Algérie des officiers dont la juridiction embrasse des contrées beaucoup plus vastes qu'un de nos départements de France. Le commandant supérieur et le chef du bureau arabe, si actifs qu'on les suppose, même en admettant qu'ils marchent bien d'accord, ne sauraient y suffire. Comment veut-on, en effet, dans de pareilles conditions, qu'ils puissent tout voir, tout savoir, tout entendre, être accessibles à tous et à chacun, avoir la main partout, redresser tout ce qui chancelle et remédier à tout ce qui languit? L'Empereur, dans sa haute sagesse, voudrait qu'ils fussent « sans cesse en contact avec les tribus (1), » — mais le moyen? Il leur faudrait le don d'ubiquité! Ils ne peuvent pas faire l'impossible. Alors, qu'arrive-t-il forcément? Qu'ils sont obligés de s'en rapporter, pour une multitude de détails, et les détails, c'est ce dont se compose la vie! à leurs adjoints ou à leurs stagiaires; et « c'est ainsi que la tâche délicate des relations permanentes avec les indigènes est confiée, la plupart du temps, aux officiers débutant dans les affaires arabes. Ces officiers remplissent leurs fonctions avec tout le zèle de la jeunesse, mais aussi avec son inexpérience des hommes et des choses (2). »

C'est là, en effet, un très grave inconvénient, mais la tâche du commandant de cercle et celle du chef du bureau arabe, tant que leur théâtre

---

(1) Lettre de l'Empereur, page 74.
(2) Lettre de l'Empereur, page 74.

d'action ne sera pas resserré dans de justes limites, est trop écrasante, pour qu'ils puissent toujours agir et se rendre compte par eux-mêmes. Je veux, pour un moment, qu'on restreigne l'étendue des circonscriptions déjà existantes, et qu'on augmente le nombre des officiers chargés de la conduite des indigènes..... Leur tâche leur sera sans doute ainsi rendue plus facile, — mais alors l'autre immense inconvénient que j'ai déjà signalé plus haut persistant, le résultat demeure le même, c'est-à-dire à peu près nul. *Undiquè angustiæ*, donc partout des difficultés !

LES SMALAS DE SPAHIS [1]

Pourtant, il faut marcher, sous peine de revenir en arrière : *non progredi retrogredies !* Or, revenir sur nos pas, nous l'avons déjà dit (2), c'est donner raison aux indigènes, c'est confirmer leurs espérances, c'est réveiller leur fanatisme, c'est exalter leur orgueil, c'est les convaincre de notre incapacité (3), c'est, en un

---

(1) Dans le sens où le mot *smalas* est employé ici, il signifie une vaste propriété appartenant à l'État, pourvue d'une maison de commandement pour le logement des officiers, d'écuries assez spacieuses pour recevoir les chevaux d'un escadron de cavalerie, et sur laquelle sont plantées les tentes arabes des spahis appartenant à l'escadron, qui vivent là en famille.

(2) *Des Arabes et de l'occupation restreinte en Algérie*, première partie, page 5 et *passim*.

(3) *Des Arabes et de l'occupation restreinte en Algérie*, première partie, page 12 et *passim*.

mot, exciter contre nous toutes leurs mauvaises passions, c'est, au lieu de la paix, la guerre ! A mon avis, et par notre faute, nous sommes engagés dans une impasse, — mais pourquoi ne pas prendre avec énergie les moyens d'en sortir à notre honneur plutôt que d'abandonner à des hommes inhabiles à en tirer tout le parti désirable, la moindre parcelle du territoire sur lequel a coulé le sang de nos soldats (1) ?

Un moment, j'ai cru qu'on allait enfin sortir de l'ornière habituelle et entrer dans la véritable voie d'un succès sérieux, mais tout s'est borné à une tentative heureuse, restée incomplète. Ici encore, comme en tant d'autres choses, il ne nous a manqué pour atteindre le but, que *le courage de le vouloir.*

Un homme éminemment pratique, administrateur aussi actif qu'intelligent, et qui a quitté trop tôt le gouvernement général de l'Algérie, M. le maréchal Randon, a en effet imaginé une création qui, bien conduite, me paraît destinée à concourir puissamment à l'œuvre de *l'Assimilation.* Cette création, qui a le précieux avantage d'obvier à l'un des inconvénients qui pa-

(1) « L'expérience a démontré qu'il fallait absolument avoir tout ou rien en Algérie. » (*Souvenirs d'un chef de bureau arabe*, page 276.)

ralysent une partie de l'action des bureaux arabes, en ce sens qu'elle réunit dans un espace, relativement borné, tous les indigènes sur lesquels doit s'exercer l'autorité de l'officier qui en est chargé, ce sont *les smalas de spahis.* Mais, pour faire jaillir toutes les conséquences du principe fécond qui a présidé à l'établissement de ces smalas, il eût fallu, en les composant d'autres éléments, *les étendre et les multiplier...* Or, c'est ce qu'on n'a pas fait, et même aujourd'hui, ces établissements se voient menacés dans ce qui devait surtout en assurer le succès : *la stabilité du commandement.* L'Empereur en manifestant le désir qu'on n'exige plus à l'avenir « des cadres français qu'un service de semaine (1) » dans les smalas, brise en effet le but réel de la pensée qui les a produites et met les officiers dans l'impossibilité d'acquérir jamais une influence morale décisive sur le personnel qui compose ces vastes établissements.

Avec tout le respect qui est dû à la parole du chef de l'État, j'oserai me permettre ici une observation. Il me semble que le langage tenu

---

(1) Lettre de l'Empereur, page 81.

par un général à l'Empereur (1), au sujet des indigènes enrôlés « dans les escadrons de smalas », est empreint de quelque exagération. Car, tous ne sont pas « des hommes de grandes tentes, des jeunes gens de famille, qui, par leur position, ne connaissent d'autre occupation que la chasse, les courses à cheval, les fantasias, » il s'en faut !

Tous, il est vrai, doivent être *des hommes de cheval*, et généralement ils appartiennent à une classe plus élevée que les *terrass* (gens de pied) ou turcos, mais de là à posséder une fortune qui dispense « du travail manuel, » il y a loin !

Je ne connais pas les autres smalas, mais je dirai ce que j'ai vu de mes propres yeux à celle de Berouaguïa (2), au mois de juillet 1855, la première fois que je l'ai visitée.

On était en pleine moisson. Le territoire de la smala présentait le spectacle le plus vif et le plus animé; il y avait de la besogne pour tout le monde, *et les spahis arabes ne s'y épargnaient pas plus que les autres*. Les blés se coupaient, et il n'y en avait pas moins de

(1) Lettre de l'Empereur, page 79.
(2) Près de Médéah.

huit cents hectares de la plus belle apparence. Des charrettes transportaient les gerbes aux aires où de robustes mulets travaillaient au dépiquage ; plus loin, un bruyant groupe d'arabes, parents ou khammès (1) des spahis, armés de pelles de bois, vannaient les battues, et de graves personnages ensachaient le blé nettoyé, après avoir préalablement invoqué la bénédiction de Dieu par une cérémonie religieuse assez bizarre (2). Ailleurs, des spahis enlevaient joyeusement le foin des prairies et le conduisaient aux meules qui s'élevaient comme par enchantement. Tout se faisait en même temps, mais sans trouble, sans confusion, et avec l'ordre le plus parfait.

Voilà ce que j'ai vu ; de quelque manière qu'il ait été obtenu, par les spahis, leurs kham-

---

(1) Celui qui laboure les terres d'un autre moyennant certaines conditions.

(2) A ce propos, je me rappelle une belle frottée que reçut le chien de M. le capitaine de Pons, qui commandait alors la smala, pour s'être permis de marcher sans respect sur le blé, *ce bien de Dieu.* — Je me rappelle encore un fait qui me frappa et qui me remua le cœur plus que je ne saurais dire. Ces graves personnages qui mettaient le blé en sacs et qui me parurent des hommes assez distingués, se servaient uniquement de leurs mains pour remplir le décalitre au moyen duquel ils le mesuraient, ce qui prenait un temps infini. M. de Pons, pour leur donner une leçon et leur éviter de la peine, s'empara du décalitre et le plongea en

mês, les français, ou par le concours de tous, ce qui est plus probable, ce résultat n'est certes pas à dédaigner.

Les spahis en smala remuent des terres, apprennent à se servir de nos instruments aratoires, étendent et perfectionnent leurs cultures, c'est beaucoup sans doute — pour la prospérité matérielle de notre colonie; mais M. le maréchal Randon, administrateur si éclairé, et qui comprend si bien les véritables intérêts de l'Algérie, n'aurait-il donc eu en vue, dans la création des smalas, que ce résultat, quelque beau qu'il soit ? Assurément non, et je pourrais en fournir la preuve. Sa pensée a voulu atteindre beaucoup plus loin et beaucoup plus haut. Aussi est-ce à une conviction intime que j'obéis en disant que l'œuvre des smalas, *com-*

---

l'inclinant dans le tas de blé, de sorte qu'il se trouva tout de suite presque rempli, ce dont je l'approuvai fort. Hélas ! c'était nous qui allions la recevoir, la leçon !... Sans faire la moindre observation, l'indigène le plus important du groupe, prit dans le décalitre une poignée de blé qu'il porta à ses lèvres, et le vidant ensuite complètement, il recommença en silence à le remplir avec ses mains. Je compris alors que c'était par respect qu'ils agissaient ainsi. Belle leçon de reconnaissance et de piété envers le Dieu bon qui distribue si libéralement à l'homme sa nourriture, et qu'ils nous donnaient avec la plus grande simplicité. Depuis, je ne vois jamais ensacher du blé sans penser à ces braves Arabes, et leur muette réprimande m'a profité.

plétée, comme une saine politique exige que nous le fassions un jour, est l'idée la plus sage, la plus riche et la plus glorieuse de son gouvernement. A mes yeux, elle vaut mieux que la conquête de la Kabylie. L'avenir ne me démentira pas.

La formation des régiments de spahis, dans lesquels sont entrés un certain nombre de jeunes gens des grandes familles arabes, a été une mesure de haute politique et dont on a lieu d'espérer les plus heureux résultats. C'est beaucoup, en effet, d'avoir amené ces hommes si influents, si fiers de leurs prérogatives et de leur indépendance, à laisser leurs fils s'enrôler sous le drapeau de la France, à courber la tête et à se soumettre, sans honte, au commandement du plus humble de nos brigadiers! Mais ce point difficile obtenu, tout n'était pas fini ; notre mission envahissante autant que civilisatrice demeurait incomplète, notre tâche n'était que commencée. Or, cette tâche, conséquence fatale de la conquête de ce peuple, si énergiquement séparé de nous par sa civilisation restée à l'état primitif et ses croyances religieuses ennemies, cette tâche, la nature même des éléments sur lesquels elle doit s'exercer, nous l'indique : — travailler sans cesse, par tous les moyens possibles et avouables, à détruire le prestige qui entoure les grandes existences indigènes, ruiner insensiblement leur autorité, paralyser sans bruit leur influence morale, politique et religieuse, et y substituer la nôtre..... Et quoique maintenant nous ne voulions pas de cette tâche, que mus par une pensée généreuse, nous la repoussions même de toutes nos forces (1), il viendra un jour où le soin de notre conservation et la défense de nos intérêts, nous obligeront, malgré nous, à l'accomplir. Telle est, en effet, la loi de l'expérience démontrée par l'histoire. Chaque fois qu'un peuple barbare s'est trouvé en contact habituel avec une nation civilisée, il a été détruit, repoussé, ou absorbé par elle; ou bien lui-même a été le plus fort, et alors adieu la civilisation ! Il en sera de même en Algérie : ou les Arabes, réalisant leurs espérances, parviendront à nous en chasser, ou ils cesseront d'y exister comme peuple, ou bien ils consentiront *à être absorbés par nous*, à devenir chrétiens, français et civilisés.

---

(1) Lettre de l'Empereur, page 15.

Au reste, déjà la cognée est à la racine de l'arbre. Les bureaux arabes, sagement administrés, lui porteront de vigoureux coups, les smalas de spahis continueront la besogne, et si jamais la pensée féconde en est complétée, nos neveux verront la nationalité arabe, mot que j'adopte à défaut d'autre, s'éteindre et mourir de sa belle mort.

Le spahi, par cela seul qu'il est à notre service et honoré du burnous rouge, échappe à l'autorité des kaïds, aux corvées, aux mille petites vexations par lesquelles, en dépit de la surveillance dont ils sont l'objet, ces fonctionnaires indigènes font passer leurs administrés. La création des smalas ajoute encore à ces avantages, en ce sens qu'elle arrache le spahi à la vie démoralisante de la caserne, aux entraînements et aux exemples pernicieux des villes, pour le faire vivre en famille, au milieu de la campagne, et le soumettre directement, lui et les siens, à l'autorité et à l'influence d'un capitaine commandant français.

On voit tout de suite le rôle immense que cet officier est appelé à remplir, *s'il connaît bien les Arabes, et s'il accepte sa mission autrement que comme une corvée.* Lui est la tête qui pense ; les officiers, sous-officiers, brigadiers et soldats français placés sous ses ordres, sont ses outils. Instruments et pensée, tout doit travailler au même but et avoir conscience de l'importance de sa tâche. Le spahi alors non-seulement respecte, mais estime et aime ses chefs ; il leur donne sa confiance, et désormais, sans répugnance, il obéit à leurs inspirations; il sait qu'il a affaire *à des hommes bons* (1), et il les écoute ; *il se fait cire,* et à volonté, on peut lui imprimer une forme. — Mais si, par malheur, la tête n'a *ni l'intelligence, ni le goût de sa mission,* et si les outils sont défectueux ; si les officiers ne parlent aux spahis que du haut de leurs épaulettes et ne savent pas être pères ou se montrer amis à l'occasion ; si les soldats français qui sont au milieu des spahis sont ivrognes, *chapardeurs et carottiers* (2), le spahi, scandalisé et blessé par cette façon d'agir *se fait granit,* et ceux qui devaient le préparer à *l'Assimilation,* lui inspirer le désir de

---

(1) Locution arabe.

(2) Deux mots fort en vogue dans les casernes. Le second, tout le monde le comprend ; quant au premier, il pourrait être remplacé par celui de *maraudeurs,* mais il emporte avec lui l'idée de quelque chose de plus accentué.

la civilisation et l'attacher à la France, *n'obtiennent que son mépris.*

Il se trouvera aussi des insensés, et j'ai souvent gémi de cette inconséquence, qui se moqueront des pratiques religieuses des indigènes, spahis ou non, et qui feront de l'esprit au sujet des prières qu'ils adressent plusieurs fois le jour à Dieu, — et alors, avec leur mépris, *ils auront de plus leur haine* (1). Ou bien leur donnant de fâcheux exemples et de pernicieux encouragements, ils les convertiront à leur cynisme, leur feront contracter l'habitude des liqueurs fortes et perdre ainsi parfois le respect dû à l'autorité ; et le spahi, dépouillé du sentiment religieux qui était pour lui une sauvegarde, deviendra une sorte de bête brute, à laquelle notre contact aura inoculé des passions qui lui étaient encore étrangères. Il aura des qualités de moins et des vices de plus : triste ré-

(1) Pourquoi encore les blesser gratuitement dans leurs usages, quelque étranges et ridicules qu'ils nous paraissent? On sait que c'est manquer gravement à un indigène que de lui demander des nouvelles de ses femmes..... J'ai vu un officier d'un bureau arabe prendre un malin plaisir à pousser sans cesse à bout sur ce point un jeune spahi de la plus grande distinction et qui venait de se marier. Evidemment, c'était là un jeu puéril autant que maladroit *et dangereux.* Les jeunes officiers ne sont pas toujours assez prudents et réservés sur ce chapitre.

sultat que celui qui ne fait agir que les gendarmes ! Or, il vaut infiniment mieux, je l'ai déjà dit, que l'Arabe prie Dieu, même par Mahomet, que de le voir imiter la niaise indifférence de ceux qui le raillent de sa foi, qui vivent et qui meurent comme de stupides animaux.

Mais c'est surtout en smala que le rôle du capitaine commandant acquiert des proportions considérables, car c'est là surtout qu'il peut donner l'essor à toutes les grandes qualités qui *doivent* le distinguer. C'est en quelque sorte sur lui que tout repose, et lui seul aussi peut obtenir sur les hommes qui lui sont confiés une influence puissante et irrésistible. — Les officiers supérieurs sont trop loin et trop haut, le simple spahi n'arrive que rarement jusqu'à eux. — Le capitaine commandant la smala, au contraire, est chaque jour et à chaque instant, en rapport avec les *mêmes* hommes, avantage précieux qui manque aux chefs des bureaux arabes. A lui, ils exposent leurs griefs et leurs réclamations ; c'est à lui, s'il a su gagner leur confiance, — *et il faut qu'il soit assez habile pour l'obtenir,* — c'est à lui qu'ils font part de leurs affaires et demandent des conseils, c'est devant lui qu'ils se rendent pour arranger leurs différends. « Une fois, dit un chef de bureau arabe, qui le savait par expérience, une fois que l'indigène a à sa disposition, pour régler ses petits démêlés, un chef en qui il a confiance, il lui soumet presque toute son existence (1). » Donc, si le spahi doit savoir que son capitaine est vigilant et inflexible pour les exigences du service, il faut qu'il sache aussi que dans toutes les occasions il trouvera en lui un ami et un père plein de sollicitude pour ses divers intérêts.

Certainement, il ne faut pas se le dissimuler, pour qui connaît le peuple auquel nous avons affaire, ses importunités, ses incessantes exigences, cette position est pénible et laborieuse ; cet officier devra se pourvoir d'une dose peu commune de patience et de bonne volonté, de beaucoup de constance jointe à une intelligente fermeté. Le spahi, comme la race à laquelle il appartient, n'est qu'un grand enfant, qui sait au besoin faire éloquemment parler la poudre, mais qui se perd et se noie, dès qu'on l'abandonne à lui-même. Il faut donc le conduire,

(1) Souvenirs d'un chef de bureau arabe, page 9.

sans qu'il s'en doute, pour ainsi dire, à la civilisation. Cette noble tâche n'a-t-elle pas de quoi tenter un cœur généreux ?

Dans une ville et en casernement, l'autorité de l'officier n'atteint que le seul spahi, tandis qu'en smala, et c'est à cause de cela précisément que ces établissements peuvent être si utiles à *l'assimilation*, — l'influence du capitaine s'exerce en outre sur tout ce qui appartient au spahi. Or, ce militaire, qui est presque toujours, sinon riche, au moins dans une aisance relative, amène sur le territoire de la smala tout ce qui lui est cher : ses femmes, ses enfants, ses serviteurs, ses chevaux, ses troupeaux; souvent même son père, sa mère, des frères, des parents l'y suivent, dressent leurs tentes près de la sienne, et vivent avec lui en famille. Voilà comment il se fait que sur le seul territoire de la smala de Berouaguïa, j'ai déjà dit que je ne connaissais pas les autres, on compte à peu près *quinze cents* individus appartenant à la population indigène !

Il y a là, pour un officier intelligent et qui ne s'emprisonne pas dans sa position comme dans un *métier*, certainement beaucoup à faire! Car, tous ces individus, toutes ces familles, groupées ou éparses autour de la maison de commandement, ont entre elles des intérêts quelquefois communs, d'autres fois divers ; des querelles s'élèvent, des dissensions surgissent entre les spahis, troublent, agitent et divisent les familles..... Qui réglera ces intérêts, apaisera ces dissensions, et fera par ses sages avis régner sous chaque tente l'ordre, l'harmonie et la paix ? Le capitaine de la smala, c'est toujours à lui qu'on en appelle, — pourvu qu'il ait su mériter, par l'ensemble de sa conduite, l'estime, l'affection et la confiance.

Mais tout en s'efforçant d'accomplir cette tâche délicate, il faut encore qu'il songe à la réalisation des progrès matériels. Je ne veux pas me répéter. Ce que j'ai dit (1) du rôle magnifique que sont appelés à remplir les commandants de cercle et les chefs des bureaux arabes, s'applique également et dans tous ses détails, au capitaine commandant d'une smala. Ce rôle lui est même rendu beaucoup plus facile, parce qu'il a constamment tout son monde sous la main et que rien d'essentiel n'échappe à son regard. Après le maintien d'une exacte disci-

(1) Page 11.

pline parmi ses hommes, tout en travaillant sans relâche, *par son exemple et la dignité de sa direction,* à élever leur niveau moral, rien ne doit donc lui tenir plus au cœur que de les initier, eux et leurs familles, à une exploitation plus rationnelle de leurs ressources, et à des conditions d'existence qui les fassent arriver, sans secousses, à apprécier les bienfaits de la civilisation dont nous leur offrons les jouissances. Que d'améliorations utiles ne peut-il pas, *ne doit-il pas* s'efforcer d'introduire au sein de cette population dont il est constitué le mentor et le guide ! Multiplier par des soins plus intelligents, perfectionner par des croisements bien entendus les bêtes à laine, les bêtes à cornes, races ovine et bovine, et surveiller attentivement l'élevage du cheval, cet ami si cher au cœur de l'arabe. Les troupeaux ne composent-ils pas, en effet, presque toute la fortune des indigènes, et ne sont-ils pas une des sources les plus fécondes de la prospérité de l'Algérie ?

Ce n'est pas tout encore. Il faut que l'officier chargé de la smala s'attache à déraciner chez les hommes dont il a la direction, cette déplorable habitude qu'ils tiennent de leurs pères, d'enfouir leur argent et de laisser ainsi, complètement improductives, des sommes parfois considérables. — Cette manière d'agir, générale chez l'indigène, appelle aussi toute la sollicitude des chefs des bureaux arabes. — Le temps est encore éloigné sans doute où *tous* les Arabes, abandonnant leur vieille routine, se débarrasseront de leurs préjugés à cet égard, comprendront les avantages qu'ils retireraient du placement de leurs capitaux, et auront en nous assez de confiance pour aventurer leurs économies dans des opérations dont les combinaisons leur échappent : ils ont été trompés si souvent !... Mais qu'un officier, dont les indigènes, bons juges en cette matière, auraient appris à connaître la droiture, les sages intentions et la probité, parvienne à inspirer ce courage au moins à quelques-uns de ceux qui sont le plus dévoués à sa personne, — *et s'il est doué des qualités de l'emploi,* je crois que cela doit lui être facile, — il aura fait faire à cette question un pas énorme. Car les premiers *convertis,* si le résultat est heureux, lui serviront ensuite d'apôtres ; de proche en proche, sans qu'il soit presque nécessaire que cet officier s'en mêle, l'intérêt, ce véhicule si puissant chez l'indigène, y poussant, le désir de les imiter s'étendra; cet argent, multiplié par le travail et le crédit, amènerait un changement complet dans la face des choses en Algérie. Il me semble que cela mérite qu'on y songe et qu'on s'en occupe.

Veut-on savoir approximativement à quel chiffre s'élève la somme des capitaux dont les Arabes, engagés dans une voie plus intelligente, pourraient aujourd'hui tirer parti? « Je ne parle que des sommes tout à fait détournées des besoins prévus de la famille, tels que dots des garçons à marier, années de disette, exigences des chefs, et cachées par le chef de tente qui seul connaît la cachette.

» Je compte 2 millions et demi d'habitants. (Tell et Sahara algérien (1), ou 400,000 habitations à 6 âmes par feu, à peu près.)

D'après les indications que m'ont données l'examen d'un très grand nombre d'affaires, les conversations et les confidences de plusieurs milliers d'indigènes, les comparaisons que j'ai pu généraliser entre la position sociale de certains individus dans leurs douars, et ce que je savais de leur situation intérieure, voici quel

---

(1) C'est à peu près le chiffre adopté par l'Empereur, voir sa lettre, page 9.

serait le minimum en numéraire turc, espagnol ou français du superflu immédiatement disponible pour le progrès, lorsque celui-ci saura tenter le musulman.

» Sur 400,000 tentes ou feux :

40 tentes	ont en moyenne	100,000 fr.	4,000,000
200	—	50,000	10,000,000
1,000	—	20,000	20,000,000
5,000	—	10,000	50,000,000
10,000	—	5,000	50,000,000
100,000	—	1,000	100,000,000

166,240   334,000,000
400,000
166,000

233,760 restent encore pour lesquelles je ne compte pas de ressources disponibles (1). »

Qui empêche les officiers des smalas et ceux des bureaux arabes de mettre la main à cette œuvre? Seulement, qu'ils y prennent garde ! La prudence leur est ici plus que jamais nécessaire afin de bien diriger leurs administrés, *qui n'y entendent rien,* dans le choix et le mode de leurs placements : un échec gâterait tout et pour longtemps ! Ah ! si les indigènes savaient lire le français, la tâche serait bien simplifiée !

(1) *Souvenirs d'un chef de bureau arabe,* page 157.

Enfin, et c'est ici la partie la plus belle, la plus féconde et la plus sainte, j'ose le dire, de la grande mission du capitaine commandant la smala ; il devra s'occuper des enfants avec la plus bienveillante, la plus active et la plus paternelle sollicitude. C'est par eux, sans conteste, que nous conquerrons l'Afrique, que nous arriverons à *recoudre*, à cette *fusion*, à cette *Assimilation* sans laquelle, je ne me fatigue pas de le répéter, l'Arabe considèrera toujours le Français comme un ennemi. Prendre « les moyens de l'obtenir, » c'est donner « une base » solide à « la colonisation..., c'est favoriser les intérêts » de la civilisation et de la mère patrie. « La politique » en effet, « ne conseille pas une autre conduite (1). » — Une école est donc nécessaire, indispensable.

Au moment où j'ai visité la smala de Berouaguïa, on parlait d'y en installer une que *soixante enfants*, chiffre considérable, auraient fréquentée chaque jour. Je n'ai pas besoin de dire que cette école devait être *tout ce qu'il y a au monde de plus arabe.* — Les indigènes ont-ils donc tout à fait tort de prétendre que nous

---

(1) Lettre de l'Empereur, page 10, mais pas dans le même sens.

sommes *aveugles?* — J'avais conseillé d'adjoindre au taleb un sous-officier français, à défaut d'autre, et l'on aurait eu ainsi une école mixte, mais cette combinaison n'était-elle pas impossible? Il aurait fallu à ce militaire plus que du dévouement, pour se charger d'une tâche aussi pénible et aussi ingrate.

J'ai dit ailleurs (1), combien il eût été avantageux pour l'avenir, d'établir des frères enseignants parmi les indigènes, mais c'est surtout dans une smala que la présence d'un de ces pieux instituteurs est désirable, et serait féconde en magnifiques résultats ! Les enfants arabes, si intelligents d'ordinaire, apprendraient promptement et facilement notre langue, et l'introduction du français parmi eux, n'est-ce pas là la première base du progrès que nous voulons leur faire aimer, de la civilisation à laquelle nous nous efforçons de les conduire, en un mot, de *l'Assimilation* à laquelle il faut qu'ils arrivent?

En parlant des bureaux arabes, j'ai déjà exprimé cette pensée que des sœurs de charité placées près d'eux et visitant fréquemment les

---

(1) *Des Arabes et de l'occupation restreinte*, première partie, page 51.

tribus, rendraient, au point de vue politique et moral, d'éminents services ; dans les smalas, leur influence serait plus considérable encore, parce qu'elle s'exercerait journellement, *immédiatement* près des femmes et des jeunes filles, et qu'à tous leurs autres moyens d'action, elles pourraient ajouter une école. Ce serait là une heureuse innovation. Pourquoi ne pas tenter l'entreprise ? — A ce pourquoi, il est sans doute facile, à ceux qui ne partagent pas mes idées, de répondre beaucoup de choses, mais rien de solide et de péremptoire. La seule objection qui soit à mes yeux une raison, c'est ce que *nous n'osons pas le vouloir.*

Certes, je suis loin d'avoir dit tout ce que ces officiers auraient à faire, à imaginer et à entreprendre pour préparer *l'Assimilation* des Arabes avec nous, mais je ne fais pas ici un traité ; et d'ailleurs il est admis en principe, que le capitaine commandant la smala est capable et possède toutes les rares qualités que réclame sa mission.

D'après cela, si l'on pensait qu'il n'y a plus qu'à laisser faire, que l'œuvre est en bonne voie et le progrès en train d'assurer sa marche vers l'avenir, on se tromperait étrangement ! Quelque digne, intelligent et homme d'initiative que soit, en effet, cet officier, il arrivera un moment où il sera contraint d'abandonner le poste qui lui avait été confié, et alors le grave inconvénient dont j'ai déjà parlé (1), et qui compromet d'une manière si désastreuse le bien que pourraient produire les bureaux arabes, vient encore ici se jeter à la traverse et tout arrêter..... Un autre prendra sa place. Eh ! sans doute ! mais les spahis ne le connaîtront pas ! Mais si la discipline conserve toute sa vigueur, la direction ne sera plus la même ! l'esprit en sera profondément modifié ! les idées peut-être complètement changées ! car chaque homme a sa manière de voir et d'administrer. Il est excessivement rare que le nouveau venu suive en tout les errements de son prédécesseur : la nature humaine est ainsi faite !

Dans un pays civilisé et parfaitement homogène, le retrait d'un fonctionnaire, quelque puissante que soit devenue son influence, n'entraîne dans le service aucune perturbation, mais dans une colonie où la partie la plus considérable de la population est systématiquement

(1) Page 11.

hostile à l'autre, il ne saurait en être ainsi. Au milieu des indigènes, si difficiles à saisir, si « mobiles, » si soupçonneux, si méfiants, un homme qui a su, par ses qualités personnelles, les séduire, pénétrer dans leurs cœurs, s'emparer de leur confiance, — mais cet homme est une force immense au service de *l'Assimilation*, du progrès, de tous les grands principes que nous représentons en Algérie, — et c'est précisément à l'heure où il pourrait enfin agir avec éclat, mettre en action toutes les ressources qu'il est parvenu à amasser, et entraîner à sa suite dans le mouvement social, ce troupeau rebelle que sa patience a dompté, c'est à ce moment-là, dis-je, que nous enlevons cet homme à son œuvre, que nous nous privons de ce levier, de cette force ? Mais n'est-ce pas tout remettre en question ? N'est-ce pas faire retomber brutalement dans la barbarie tout ce qui commençait à lever la tête et à en sortir ?..... Encore une fois ce système est faux, trompeur, souverainement déplorable dans ses conséquences, il pèche par la base, et tant que nous persisterons à nous servir *uniquement* de lui, nous n'arriverons jamais à rien de solide.

Avec ce système, en effet, *l'uniformité de*

direction, qui est presque toute la garantie du succès dans une œuvre de longue haleine, cette uniformité ne saurait exister.

Ainsi, tel officier prétendra qu'il faut mener les Arabes avec une verge de fer, les dominer par la terreur, les faire obéir la cravache à la main, et il agira en conséquence, et son escadron deviendra désert, ou, du moins, ne se recrutera plus que d'hommes avilis et méprisés par leurs coreligionnaires ; un autre s'imaginera qu'il faut, au contraire, être avec eux accessible et affable, bon et paternel toujours et quand même, — et son escadron deviendra, qu'on me passe le mot, une pétaudière, où son autorité méconnue sera sans force et sa direction sans résultats ; un troisième arrivera avec des idées complètement arrêtées d'avance sur l'incapacité native des indigènes, sur l'impossibilité d'en tirer quelque chose d'utile et d'en faire jaillir une idée, une pensée de progrès..... Découragé avant d'avoir mis la main à l'œuvre, se frappant lui-même d'impuissance en se fixant d'une manière absolue près d'une borne fatale qu'il faudrait, au contraire, essayer de déplacer, d'arracher et de jeter au loin, par delà les ténèbres de la barbarie, — il ne fera jamais rien, ne sera jamais rien pour les Arabes, qu'un officier fort honorable sans doute, mais qui aura le malheur de se laisser guider par des idées fausses. Cela s'est vu ! Livrée en de pareilles mains, que deviendra la smala, sa prospérité, son influence, et par analogie, le bureau arabe ? — Pas n'est besoin de le dire, on ne le devine que trop !

Il y a plusieurs années déjà, le *Charivari*, qui n'est pas toujours heureux dans le choix de ses bons mots, appliquait au maréchal Bugeaud l'épithète sottement plaisante, de *Cincinnatus-Agricola*, faisant allusion, sans doute, à l'*ense et aratro* de l'illustre gouverneur général. Eh bien ! plaise à Dieu que nos commandants de smalas soient ou deviennent tous des Cincinnatus-Agricola, et, certes, les choses n'en iront pas plus mal.

Le choix du capitaine commandant la smala est donc, tout le proclame et le crie, chose aussi grave que celui des chefs de cercles et des bureaux arabes, et chose non moins grave, ce serait de le maintenir longtemps, *toujours même*, si cela était possible, dans son commandement. *Le temps*, ce grand obstacle qui empêche ces officiers d'acquérir sur les populations qui leur sont confiées une influence dont ils sauraient tirer de si heureux avantages, pour la complète pacification du pays et le bien-être moral et matériel des Arabes, cet obstacle serait alors vaincu.

Les généraux qui commandent les subdivisions, les divisions, et à plus forte raison les gouverneurs généraux de l'Algérie n'obtiendront jamais, quoi qu'ils fassent, sauf de très rares exceptions, cette influence si désirable sur le peuple conquis. Ils sont placés trop loin et trop haut ; ils se trouvent absolument dans la même position, à l'égard des indigènes, que les officiers supérieurs pour les spahis réunis en smala ; leurs rapports avec eux, pour qu'ils puissent s'en faire connaître et apprécier, ne sont pas assez directs et trop rares. L'Arabe ne voit le plus souvent les grosses épaulettes qu'à travers un nuage menaçant, et ne sent qu'elles existent que par les vexations que certains subordonnés *trop zélés* lui font subir à leur sujet (1), et par l'autorité qu'elles exercent;

---

(1) Ainsi, quand un de nos généraux parcourt officiellement les territoires militaires, tout le pays est mis en mouvement ; c'est à qui fera le plus de tapage et déploiera le plus d'enthousiasme pour l'éblouir et le fêter. Jusque-là je n'y vois rien à dire, au contraire ; tout le monde

or, l'autorité, nécessaire toujours, est de sa nature généralement peu aimable.

Les commandants supérieurs de cercle, les chefs des bureaux arabes et les officiers chargés des smalas, peuvent seuls, à mon avis, acquérir sur les indigènes une réelle influence, influence sans laquelle, je ne saurais assez le redire, les succès poursuivis seront toujours incomplets; au reste, la part des généraux est encore assez belle pour qu'ils puissent s'en contenter. Ils n'auront pas sur les Arabes une influence im-

conviendra qu'aux yeux d'un peuple qui aime surtout le faste et l'éclat, il est bon et il peut être utile d'entourer du plus grand prestige les hauts chefs de l'armée. L'Arabe trouve tout naturel qu'on l'invite à ces sortes de solennités et ne s'en montre nullement blessé. Mais, en retour, un puissant chef n'est estimé des Arabes qu'autant qu'il se montre généreux et qu'il paie largement l'enthousiasme ; quand ils peuvent dire, en parlant de lui, *qu'il a toujours la main ouverte*, l'éloge est complet. Malheureusement, si nos généraux ont le cœur grand, leur bourse est petite, et ils sont obligés de se montrer fort réservés sur le chapitre des gratifications. Or, comme les indigènes ne peuvent pas comprendre qu'un homme auquel on témoigne tant d'empressement et de respect, n'ait pas de l'or à jeter à discrétion, il s'ensuit qu'ils n'expliquent cette parcimonie que par l'avarice ou un manque de savoir-vivre. — En commençant cette note, j'avais l'intention de prouver par quelques faits, que les indigènes avaient eu, dans de pareilles circonstances, des motifs plus sérieux de murmurer et de se plaindre, j'y renonce. On pourrait me demander des noms propres, et je n'en veux pas citer ; j'ai à cœur de convaincre de la sincérité des sentiments qui m'ont conduit à écrire, mais je ne veux pas être accusé de dénigrement.

médiate, c'est vrai, mais c'est à eux qu'est réservé l'honneur difficile de choisir des hommes sages et habiles, capables de la mériter ; c'est à eux encore qu'appartient l'avantage de l'initiative dans les réformes utiles et les innovations heureuses ; c'est à eux, enfin, que revient toujours la gloire des succès obtenus avec la jouissance des bénéfices incontestables qu'elle procure. Glorieuses jouissances et honneur contre lesquels personne ne réclamera, si le désir du progrès bien entendu, l'amour de la patrie, et un dévouement absolu aux intérêts tant matériels que moraux du peuple confié à leur sollicitude, leur ont seuls servi d'excitants et de mobiles !

L'ASSIMILATION

I

L'assimilation, — quel mot je viens d'écrire ! et n'est-ce pas m'exposer, de la part de mes lecteurs, à un immense éclat de rire, si j'ose seulement prétendre qu'il est possible d'amener un jour les Arabes *à se fusionner volontairement et à se confondre avec nous ?* Eh bien ! dussé-je d'abord passer aux yeux de tout le monde pour un rêveur éveillé, je maintiens mon dire, et si l'on veut bien prendre la peine de me lire avec réflexion jusqu'au bout, on trouvera peut-être, à la fin, que mon rêve n'est pas si présomptueux qu'il en a l'air. Au reste, l'imagination y tient peu de place : une patiente et minutieuse étude du peuple arabe, des relations, des observations et des confidences de chaque jour, confidences qui m'ont initié aux *antipathies* et aux *préférences* des indigènes en général, voilà tout sur quoi je me fonde et établis le *rêve* de mes prétentions. Aussi, rien de plus simple, de plus vulgaire, de plus élémentaire que les moyens que j'indique, rien de plus facile à exécuter, rien de plus français et de moins odieux, rien qui exige moins de dépense, et je ne crains pas de l'affirmer, *si le courage nous vient enfin de le vouloir,* — *rien de plus assuré que le succès.*

Je n'ignore pas tout ce qui a été dit à ce sujet, et le plus souvent par des hommes qui ne connaissaient pas ou très imparfaitement les Arabes. Depuis, en effet, que l'Algérie est liée d'une manière irrévocable aux destinées de la France, il n'existe peut-être pas, parmi ceux qui se sont occupés de l'avenir de cette belle colonie, un esprit sérieux qui n'ait longuement réfléchi et travaillé à la solution de cette grande question *d'Assimilation* des races, immense problème qui semble impossible ! Des penseurs profonds, des hommes d'action et d'initiative l'ont agitée, creusée, fouillée dans tous les sens et envisagée sous toutes ses faces ; dans le plus humble des bureaux comme au sommet de l'échelle administrative, partout on a beaucoup parlé, savamment discuté, beaucoup écrit, — et il est pénible de l'avouer, mais aujourd'hui comme aux premiers temps de la conquête, le gigantesque problème se dresse formidable *et entier*, colosse immobile qui semble se jouer de l'impuissance de nos efforts.

Je le demande à tout homme franc et impartial, qui a étudié et qui connaît les Arabes :

— La ligne qui sépare le vaincu du conquérant a-t-elle disparu ?

— Non !

— Tend-elle à s'effacer ?

— Non, il n'y a que des apparences.

— Les *vrais* Arabes nous haïssent-ils moins ?

— Non !

— Les jeunes se rapprochent-ils de nous ?

— Oui, en petit nombre, pour prendre de nous les vices qu'ils n'avaient pas et gagner notre argent.

— S'ils le pouvaient, sans danger, jeunes et vieux nous couperaient-ils encore la tête ?

— Oui, cent fois oui !.....

La dernière grande insurrection de 1864,

sans parler des tentatives qui l'avaient précédée, ne nous crie-t-elle donc pas assez haut que l'apaisement des mauvaises passions ne s'est pas fait, que l'hostilité persiste toujours, en un mot, que la question capitale de *l'Assimilation* est restée la même, aussi ardue, aussi palpitante *que le premier jour ?*

Si ce fait est douloureux pour notre amour propre, il n'a rien pourtant d'étrange et de phénoménal ; c'était là un résultat prévu et nous devions nous y attendre. Sait-on que seulement « depuis l'établissement de l'Empire, près de *quinze* systèmes d'organisation générale ont été essayés, l'un renversant l'autre (1) ? » Avec une pareille versatilité de vue et de direction, était-il possible d'arriver à autre chose, comme le dit si bien l'Empereur, qu'à produire du « trouble dans les esprits (2), » et les Arabes, peuple essentiellement routinier, n'avaient-ils pas un peu raison de se moquer de tant d'expériences qui devaient demeurer stériles ? Mais, dans ces diverses tentatives, qu'a-t-on imaginé en faveur de *l'Assimilation ?* — A peu près rien. J'ai beau ouvrir les yeux et chercher, je

---

(1) Lettre de l'Empereur, page 7.
(2) Lettre de l'Empereur, page 7.

ne vois que l'organisation des bureaux arabes et la création des smalas de spahis qui soient un acheminement vers la solution de cette immense question (1). — Mais le lycée arabe-français, mais les écoles de toute nature, primaires et supérieures, etc., etc., que nous avons établis (2)! — Je sais que tout cela a été fait et qu'on se propose de faire bien davantage encore. — Je m'incline avec respect devant des intentions aussi généreuses, mais, à mon avis, ce sont là autant de pas en arrière ; j'applaudis de tout mon cœur à la pensée qui veut élever

(1) Cependant, je dois reconnaître que deux écoles *françaises* fonctionnent en ce moment en Kabylie, l'une à Tizi-Ouzou, l'autre à Fort-Napoléon. *(Les Kabyles,* par M. le baron Henri Aucapitaine, page 35.) J'avais d'abord cru que c'était là une tendance vers une marche plus rationnelle, un essai heureux qui en ferait tenter d'autres, mais en y réfléchissant, je n'ai pas tardé à me convaincre que je m'étais trompé, En effet, qu'on en juge : la langue des Kabyles se parle, mais *elle ne s'écrit pas;* or, comme le Kabyle éprouve pour les Arabes un mépris que ceux-ci, du reste, lui rendent avec usure, et que leur langue lui est antipathique, on ne pouvait pas songer à la lui faire apprendre. Restait donc le français. En l'enseignant à ces rudes montagnards, nous avons cédé à une nécessité de position plus qu'à une pensée de progrès, tel que je le conçois. Le progrès et *l'Assimilation* en profiteront sans doute, mais je suis fondé à dire, par ce qui se passe en pays arabe, que ce n'est pas cette idée qui a présidé à l'établissement de ces écoles.

(2) Je ne sais pas trop si nous avons bien sujet de nous en glorifier. Voici les questions que j'ai adressées et les réponses qu'il m'a faites,

les Arabes par l'instruction, mais c'est la forme sous laquelle on la leur donne, que je ne puis pas me résoudre à accepter. Je crois, en effet, que ce n'est pas pour leur enseigner leur langue, leur apprendre le koran qui maudit à chaque page les adorateurs du Christ, et pour les laisser en proie à une doctrine abrutissante, que la Providence nous a fait débarquer, le 14 juin 1830, sur la plage de Sidi-Ferruch. Elle avait sans doute un autre but et d'autres desseins.

Ce but, vers lequel tout nous conviait à marcher, nous l'avons méconnu ; ces desseins, dans lesquels une politique intelligente, sans

---

à un homme parfaitement honorable et bien informé de ce qui se passe dans les écoles françaises fondées à Fort-Napoléon et à Tizi-Ouzou, en pays kabyle : « — Dans ces écoles, enseigne-t-on exclusivement la langue française, la langue kabyle ne s'écrivant pas ? — *Oui, le maître ne sachant ni l'arabe ni le kabyle.* — Par qui sont-elles tenues ? — *Par des laïques.* — Y fait-on la prière ? — *Non.* — Les Européens fréquentent-ils ces écoles ? — *Oui.* — Ne s'y occupe-t-on que de morale en général et pas de religion ? — *Il n'y est pas question de morale, encore moins de religion.* » Il est certain que ce n'est pas là la pensée de l'Empereur.

Quant à l'école de Cherchell, il est également certain que l'Empereur ignore dans quelle mesure l'instruction *française* est distribuée aux enfants indigènes de cette ville, autrement il ne conseillerait pas de suivre « cet exemple. » (Voir sa lettre, page 39.) Voici les renseignements positifs que j'ai obtenus à ce sujet . « ..... A l'exception de cinq ou six parler du reste, nous excitait à entrer, nous avons dédaigné de les remplir..... Autrefois, nos pères barbares avaient des historiens qui écrivaient l'histoire *des gestes de Dieu accomplis par les Francs* ; aujourd'hui, nous, leurs fils civilisés, nous voulons bannir Dieu du gouvernement du monde, comme si nous nous sentions humiliés d'en partager avec lui la gloire. Aussi, comme Dieu se venge cruellement de nos insolentes prétentions et de notre audacieux orgueil ! Sur cette terre d'Afrique, qu'en un jour de miséricorde il nous avait donnée, afin que nous la fissions *sienne* et française de toutes les manières, privés du seul

---

Arabes qui suivent régulièrement les cours de l'école communale, les autres, au nombre de plus de cinquante, ne sont admis à l'école que *trois fois par semaine et seulement l'après-midi*. Ils occupent dans la maison une salle séparée..... cela ne gêne donc en rien les exercices religieux..... Leur taleb les accompagne et les y surveille..... On a fait autour de ces écoles beaucoup plus de bruit qu'il n'y a de réalité, et il arriverait à Cherchell ce qui arrive ailleurs, que les indigènes ne fréquenteraient pas l'école communale, si les talebs arabes n'étaient pas payés pour les y conduire..... Depuis qu'on oblige les enfants indigènes à se rendre à l'école communale, ils n'ont pas fait un pas dans la civilisation morale : *c'est le koran qui le veut.....* » En terminant, mon honorable correspondant ajoute, et on le croira sans peine, que « ces enfants sont d'une faiblesse déplorable..... » Il faudrait, en effet, qu'ils fussent doués d'une intelligence exceptionnelle pour devenir *forts* en français avec des moyens d'instruction ainsi bornés.

flambeau qui pouvait éclairer notre route dans la question arabe, nous avons trébuché à chaque pas dans les essais que nous avons tentés depuis la conquête, nous sommes tombés d'erreurs en erreurs, nos expériences n'ont abouti qu'à des désastres, nos espérances les plus chères nous ont indignement trompés, et ce que nous avions pris pour des réalités acquises, s'est tout-à-coup fondu en illusions! La vérité n'était point avec nous.

Ainsi, depuis trente-cinq ans, nous allons tournant dans un cercle vicieux : est-il donc si surprenant que nous nous retrouvions, après tant de fatigues et de sacrifices, juste à notre point de départ? L'Empereur a donc mille fois raison, quoiqu'il le fasse dans un sens moins étendu, de reconnaître avec une bonne foi que j'admire, que jusqu'à ce jour encore, « sans guides, ce malheureux peuple (arabe), erre pour ainsi dire, à l'aventure, ne conservant d'intact que son fanatisme et son ignorance (1). »

Si, moins présomptueux, plus sages, plus prévoyants et plus chrétiens surtout, nous avions mis Dieu de moitié dans nos projets en l'appelant à notre aide dans l'œuvre de l'*Assi-*

(1) Lettre de l'Empereur, page 15.

milation, je ne veux pas dire qu'elle serait en ce moment accomplie, mais nous aurions du moins à proclamer de plus consolants résultats. Aussi, à l'heure qu'il est, profondément découragés de tant de soins restés inutiles, rebutés par ce que nous appelons l'obstination aveugle des indigènes, épuisés par les efforts passés et redoutant ceux dont nous menace l'avenir, — nous renonçons à une lutte demeurée jusqu'à présent stérile, nous mettons bas les armes, non sans avoir combattu, mais sans que notre front se soit couronné des lauriers de la victoire.

Donc, si nous persistons dans nos idées, — et je me prends malgré moi à espérer qu'elles se modifieront, — l'Arabe, immobilisé dans son fatalisme, *restera plus que jamais Arabe;* les barrières qui nous séparent de lui, au lieu de tomber, se relèvent; et la nuit de l'erreur continuera à envelopper ce peuple en face du soleil de la vérité !... Nous pouvions le sauver de la ruine où l'entraînent à grands pas ses croyances délétères et menteuses, ruine dont tous ceux qui le connaissent ne cessent de nous avertir (1), mais on dirait que l'impossible

(1) « Ils sont (les musulmans) condamnés à une ruine inévitable par

nous tente, et nous allons entreprendre de le régénérer avec les croyances mêmes qui l'ont perdu... Voilà où une générosité cruelle et irréfléchie nous a conduits : au nom du progrès, nous étouffons le progrès, en vertu d'une tolérance inhumaine, nous fermons la porte à la civilisation, et plutôt que d'appeler l'indigène à la sainte liberté de l'Evangile, nous préférons le laisser croupir dans le stupide esclavage de son fatalisme ! Encore une fois, était-ce donc là que nous devions arriver ?

Certes, je n'en fais pas exclusivement un reproche au régime actuel, car cet état de choses dure depuis le moment de la conquête. Le gouvernement de l'Empereur a hérité de tout en Afrique, même des mauvaises traditions ; il a essayé, rendons-lui cette justice, plusieurs fois d'en sortir, mais se trompant de voie, il n'est arrivé, comme ses devanciers, qu'à des résultats purement matériels, pour ce qui concerne les Arabes.

Serons-nous plus heureux dans cette nouvelle

---

la barbarie, la superstition, le fatalisme, qui forment la base de leur caractère et de leurs croyances. » (*Un faux derviche dans le Turkestan*, par M. Hermann Vambéry, traduit par M. Forques. Voir le *correspondant* du 25 septembre 1865, page 68.)

expérience? J'en doute, car c'est ici surtout que « le passé renferme la leçon de l'avenir (1). » Nous aurons beau faire, ce n'est pas en alimentant ce qui, à défaut de nationalité, donne une certaine homogénéité à ce peuple et en l'isolant en réalité plus que jamais de nous, que nous parviendrons à nous le rendre sympathique. Et cependant, si les idées émises par l'Auguste auteur de la lettre à M. le duc de Magenta ne subissent aucune modification, ce qui est fort à craindre, c'est ce que nous allons voir mettre à exécution dans notre colonie.

Ainsi, nous aurons des Arabes naturalisés Français, « *mais qui continueront d'être régis conformément à la loi musulmane;* »

Néanmoins, ils pourront être nommés « *à tous les emplois militaires de l'Empire et à tous les emplois civils en Algérie* (2);

---

(1) Lettre de l'Empereur, page 62.

(2) Cette question n'est point de ma compétence, et je ne m'y serais point arrêté, si je ne trouvais dans le numéro du 15 septembre 1840, de la *Revue des deux Mondes*, un article de M. Saint-Marc Girardin, sur le livre de M. Clot-Bey : *Aperçu général sur l'Egypte*, qui renferme quelques idées de la plus grande justesse, que je juge à propos de reproduire ici, à titre de simple rapprochement : « .....Ainsi, Méhémet-Ali a recruté ses soldats en Égypte, je l'avoue, *mais il n'a pris parmi les Égyptiens aucun officier*..... L'histoire s'accorde avec le jugement de Méhémet-Ali. Même dans ses beaux jours, *la race arabe*

Nous verrons « développer l'instruction publique *musulmane*, réorganiser les écoles supérieures *musulmanes*, créer des écoles d'arts et métiers » où probablement les Arabes *seront seuls admis* (1);

Nous verrons « fonder des orphelinats *musulmans* pour les garçons et pour les filles ;

« Etablir des salles spéciales *pour les indigènes* dans les hôpitaux. »

n'est pas faite pour le commandement..... A ce sujet, je ne veux point d'autre témoignage que celui de M. Clot-Bey. M. Clot-Bey est très-favorable à la race arabe. Il énumère avec complaisance tout ce que Méhémet-Ali a fait pour régénérer la race arabe, et il l'en loue beaucoup ; puis il continue : « *Les Égyptiens (les Arabes) n'ont point l'instinct du commandement..... Quoique très-intelligents, s'ils ne sont pas dirigés, ils ne savent rien mener à fin.* »

J'ajouterai au témoignage de M. Clot-Bey un autre témoignage qui confirmera encore la justesse du système de Méhémet-Ali. Les religieux de la Terre-Sainte ne se recrutent pas parmi les habitants du pays ; les pères sont tous Européens, et comme quelqu'un leur demandait la cause de cette exclusion : *On ne peut jamais faire complètement fond sur un Arabe*, répondit un des pères, et le Saint-Siège ne veut pas leur confier l'exercice du pouvoir sacerdotal. » Ainsi Méhémet-Ali et le pape jugent de la même manière la race arabe. Ils lui trouvent beaucoup d'esprit et d'intelligence, et la regardent cependant comme incapable de se gouverner elle-même, soit dans l'ordre civil, soit dans l'ordre religieux..... « J'ai fait, disait Méhémet-Ali, à un voyageur français, j'ai fait en Égypte ce que les Anglais ont fait aux Indes. Leurs soldats indiens sont commandés *par des officiers anglais*, et vous-mêmes, si vous formez à Alger des régiments Arabes, *vous n'y placerez que des officiers français.....* »

(1) Le mot *probablement* est ici de trop, d'après les renseignements

Quant au culte, nous y veillerons avec plus de sollicitude que jamais, car, nous nous proposons « d'organiser un consistoire musulman par province, et de nommer un conseil de fabrique pour chaque mosquée de première classe ; »

Nous voulons même faire plus encore : « *Entourer de quelque solennité officielle la célébration des grandes fêtes musulmanes* (1). »

Avec ce programme mis à exécution, l'indigène sera donc, plus encore que par le passé, *mis à part*, isolé, séquestré ; dans les trois provinces, nous avons déjà des orphelinats pour les garçons et pour les filles dirigés par de vénérables ecclésiastiques et de saintes religieuses, où les orphelins arabes peuvent être admis, *mais il ne faut pas qu'ils puissent devenir chrétiens ;* l'image du Christ ne s'efface plus devant le croissant (2), *mais comme les indi-*

---

que je viens de recevoir. Voici ce qu'on a répondu aux questions suivantes que j'avais faites au sujet de l'école d'arts et métiers de Fort-Napoléon : « — Cette école est-elle ou sera-t-elle dirigée par un Français ? — *Oui.* — Les élèves y seront-ils pensionnaires ? — *Je ne crois pas.* — Toutes les nationalités pourront-elles y être admises ? — *Non.* — Ou sera-t-elle *exclusivement* ouverte aux enfants musulmans ? — *Oui.* — A-t-on songé à pourvoir au culte ? — *Non.*

(1) Lettre de l'Empereur, pages 33, 36 et 39.

(2) *Des Arabes et de l'occupation restreinte*, première partie, page 41.

gènes pourraient être blessés de l'y voir, on les reléguera dans « des salles spéciales (1) ; » dans nos écoles primaires musulmanes, la langue arabe, et par suite le koran, seront plus que jamais favorisés et enseignés, et pour honorer *officiellement*, dans ses grands jours, la religion du prophète, je n'ose pas pressentir jusqu'où nous nous croirons obligés de descendre... et encore moins le dire.

Agir ainsi, n'est-ce pas sanctionner et affermir de toute l'autorité d'une pareille condescendance les préjugés des Arabes ? « Notre culte est d'essence si supérieure, disent-ils déjà, la doctrine de notre seigneur Mohammed si sublime, que les chrétiens eux-mêmes ne

---

(1) Je serais désolé qu'on me prêtât le parti pris de trouver *tout défectueux*, mais si ce n'est pas là la pensée qui nous fait créer des orphelinats spéciaux et établir des salles particulières pour les Arabes dans nos hôpitaux, j'avoue ingénument que j'en cherche en vain une autre. — Une difficulté sérieuse avec laquelle il faudra compter. D'abord les orphelins indigènes ne sont presque jamais abandonnés à l'aventure ; pour ma part, je n'en ai jamais vu ; ils sont toujours recueillis par leurs plus proches parents ou par des familles aisées pour lesquelles ils sont rarement une charge, la nourriture étant si peu de chose ! et le plus souvent une ressource, car dès leur plus jeune âge, ils les utilisent pour la garde des troupeaux. Voilà pour les garçons. Quant aux filles, jamais, au grand jamais, une fille, en pays arabe, n'est délaissée par les siens, quelque pauvres qu'ils soient, et cela se comprend, car, à un moment donné, cette fille *a une valeur*, dont on

peuvent s'empêcher de le reconnaître dans leur for intérieur, et qu'ils s'empressent de nous être agréables, pour se ménager la bienveillance du prophète (1). »

Et dans quel but toutes ces prévenances, toutes ces attentions, tous ces témoignages de sollicitude qu'on ne prodiguerait pas plus vifs et plus paternels à l'ami le plus dévoué, à l'enfant le plus docile et le plus soumis? Ce but est aussi noble qu'élevé, je l'avoue, et digne du cœur et des aspirations du chef d'un grand État comme la France : d'abord, « gagner la sympathie des Arabes par des bienfaits *positifs* (2). » — Très-bien. — Si ces « bienfaits » devaient s'exercer sur l'indigène, pris isolément, j'accorde que peut-être ses sympathies

---

tire parti en la mariant, ou — *en ne la mariant pas.* Je me demande alors de quelle manière on s'y prendra pour peupler les orphelinats projetés ? Je ne vois guère que les villes où les indigènes sont peu nombreux qui puissent fournir quelques garçons ; pour les filles, sauf de très-rares exceptions, je crois qu'il n'y faut pas songer. — Ensuite, par qui ces orphelinats seront-ils administrés ? Si la direction devait en être confiée, comme ceux qui existent déjà, à des ecclésiastiques et à des religieuses, il serait inutile d'en fonder de nouveaux. Ce n'est donc pas là notre intention. Alors nous y appellerons des laïques et des dames ?... En théorie, c'est déjà bien chanceux ! nous verrons ce que cela deviendra en pratique.

(1) *Souvenirs d'un chef de bureau arabe*, page 68.
(2) Lettre de l'Empereur, page 8.

nous seraient acquises, mais comme on sait de quelle manière, *pris en masse*, les Arabes expliquent les concessions que nous pouvons leur faire, je ne vois pas comment ces « bienfaits » nous les rendront favorables ; je vais même plus loin, et je dis que plus ces « bienfaits » seront « *positifs* » et définis, moins ils nous en tiendront compte.

Mais la pensée qui poursuit ce résultat, ne s'y borne pas, quelque beau qu'il lui paraisse, elle en ambitionne un autre infiniment plus considérable encore. J'en fais juge mes lecteurs, et je cite textuellement, car ce passage de la lettre de l'Empereur mérite une attention toute spéciale : « La France, qui sympathise partout avec les idées de nationalité (1), ne peut aux yeux du monde justifier la dépendance

(1) Croire à une *nationalité arabe* en Algérie, est une pure illusion ; nous ne saurions donc y conserver ce qui n'existe pas. La religion est, en effet, le seul lien qui unisse les Arabes ; ôtez le koran, il ne reste plus rien, car patrie et patriotisme sont des mots absolument vides de sens pour eux ; les Kabyles mêmes, qui vivent sédentaires et réunis dans des villages ne sont guère plus avancés que les Arabes sous ce rapport. — « *L'esprit de nationalité* tel qu'on le conçoit en Europe, dit M. Henri Aucapitaine (1) y est peu développé (chez les Kabyles), il y est divisé, morcelé à l'infini. Chaque village, chaque fraction même, est un peuple qui agit en dehors de ses voisins, sous *l'inspiration de passions particulières.*

(1) *Les Kabyles*, page 179.

dans laquelle elle est obligée de tenir le peuple arabe, si elle ne l'appelle à une meilleure existence. Lorsque notre manière de régir un peuple vaincu, sera pour les quinze millions d'Arabes répandus dans les autres parties de l'Afrique et en Asie, un objet d'envie ; le jour où notre puissance établie au pied de l'Atlas, leur apparaîtra comme une intervention de la Providence pour relever une race déchue ; ce jour-là, la gloire de la France retentira depuis Tunis jusqu'à l'Euphrate, et assurera à notre pays cette prépondérance qui ne peut exciter la jalousie de personne, parce qu'elle s'appuie non sur la conquête, mais sur l'amour de l'humanité..... Quelle politique plus habile pour la France que de donner dans ses propres États, aux races mahométanes, si nombreuses en Orient et si solidaires entre elles, malgré les distances, des gages irrécusables de tolérance, de justice et d'égards pour la différence de mœurs, de cultes et de races (1). »

Ce passage important de la lettre Impériale nécessiterait à lui seul de longues réflexions (2),

---

(1) Lettre de l'Empereur, pages 10 et 11.
(2) Il ne serait pas moins nécessaire de reprendre le passage qui suit immédiatement celui dont je m'occupe en ce moment, page 11. — Que

que je ne veux ni ne puis faire moi-même. Pour ne pas être accusé de partialité dans un débat de cette nature, je laisserai parler un homme fort compétent, M. A. Rey (de Chypre), qui a passé « cinq années au Maroc, parcouru à plusieurs reprises la côte et quelques provinces de l'intérieur, entretenu des rapports suivis avec le sultan, sa famille, ses officiers et les derniers de ses sujets. » On dirait que le passage que je lui emprunte est écrit d'hier, tant il est saisissant d'actualité ; seulement, j'y regrette certaines expressions trop accentuées que je voudrais en ce moment, par une convenance toute respectueuse, pouvoir adoucir et modifier.

« Etudiez, ainsi s'exprime cet écrivain, étudiez sérieusement les principes du mahomé-

---

les Turcs suivent le rite *anefi*, et les Arabes, le rite *maleki* ; que le centre religieux des premiers soit à Constantinople et celui des seconds au Maroc ; que « les Beni-Mezab du sud de l'Algérie forment un rite séparé, non orthodoxe, et (que) les indigènes professent pour eux un profond mépris ; » que « entre les Arabes et les Turcs il n'y eût pas de liens très-puissants ; » que les beys aient eu, « comme nous bien des soulèvements à réprimer, » cela importe peu, — *si tous, schismatiques, hérétiques et orthodoxes, se réunissaient dans une haine commune, celle du nom chrétien*. Or, soutenir le contraire est impossible ; même les Kabyles, qui sont des Berbères comme les Beni-Mezab, et qu'on nous représente comme exempts de fanatisme, ont cependant, d'après M. le général Daumas (*La grande Kabylie*, page 193), *une aversion presqu'égale contre les chrétiens* et les Arabes.

tisme et son histoire, vous reconnaîtrez que l'Islam, *identifiant le principe religieux avec le principe politique, l'église avec l'État, ne sépare pas le pouvoir spirituel du pouvoir temporel*, et que le monarque, considéré comme successeur et représentant du prophète, *est pontife et souverain.* Aux yeux des mahométans, toute autorité politique *isolée du sacerdoce*, à plus forte raison toute autorité appuyée *sur une autre loi que la loi musulmane, n'est donc qu'une force brutale, tyrannique, illégitime.*

» Les conquêtes antiques *assimilaient* les peuples les uns aux autres en confondant les cultes, en ouvrant les temples des vainqueurs aux dieux des vaincus. Le panthéon était l'organe dans lequel Rome absorbait les nations. *Nous ne pouvons pas absorber le mahométisme.* L'esprit arabe ne comprend pas le moins du monde *un gouvernement administratif substitué au gouvernement politique*, un régime constitutionnel qui n'admet pas tous les dieux à la fois, mais qui n'en admet aucun exclusivement. — Cette tolérance, cette faculté d'Assimilation par la négation, capable peut-être des mêmes effets que le polythéisme antique, *lui semblent anarchie.* — *C'est à l'anarchie que la conquête d'Alger semble livrer la régence, en l'arrachant à la communion de Stamboul. L'autorité politique de la France ne pourra jamais constituer pour ces peuples un gouvernement légitime, et la France est dans l'alternative ou de les* FORCER A L'APOSTASIE *ou* D'APOSTASIER ELLE-MÊME, *sous peine de n'exercer qu'un pouvoir tyrannique contre lequel ils se révolteront jusqu'au dernier.*

» A ces peuples, en les abordant, on a dit deux choses contradictoires : « *Nous vous laissons votre culte, et nous voulons renverser le principe qui en est la base. Nous vous laissons vos lois et vos mœurs, et nous voulons que vous reconnaissiez un gouvernement fondé sur d'autres lois, sur d'autres mœurs.* Vous faut-il un pontife ? que ce soit le grand seigneur, le shah ou le sultan du Maroc, créez un personnage analogue au pape catholique. *Changez donc votre culte en gardant votre culte.* Ils répondent à cette absurdité en massacrant nos frères et en se faisant massacrer eux-mêmes (1). »

---

(1) *Revue des deux Mondes*, du 1ᵉʳ décembre 1840 ; les passages soulignés l'ont été par nous.

II

Et au milieu de tout cela que devient *l'Assimilation*, cette fusion qui, *si elle s'opère*, écrivait M. le général Daumas, *doit aplanir toutes les difficultés de notre conquête* (1)? On le devine sans que j'aie besoin de le dire, elle est renvoyée aux calendes grecques comme inutile, « les satisfactions matérielles et morales » données aux Arabes devant rendre les insurrections à peu près impossibles dans l'avenir (2).

Mais cette question n'est pas de celles qu'on puisse impunément laisser dormir et devant lesquelles on passe sans essayer du moins de les résoudre. Comme la *question d'Orient*, à laquelle on tremble de toucher, la question *d'Assimilation* aura son jour en Algérie ; et ce jour-là, déçus comme toujours, dans nos espérances de conciliation et de soumission

---

(1) *Les Kabyles,* par M. le baron Henri Aucapitaine, page 59.
(2) Lettre de l'Empereur, pages 11 et 12.

pacifique, éclairés enfin sur la vanité de nos expédients généreux, nous serons obligés d'y travailler sérieusement ou de faire *la solitude* autour de nous.

« Il ne peut entrer (en effet) dans l'idée de personne d'exterminer les trois millions d'indigènes qui sont en Algérie, ni de les refouler dans le désert (1), » — mais *personne* non plus ne trouvera étrange l'idée de les faire vivre *avec nous* au lieu de nous faire vivre *avec eux* (2). Or, pour obtenir ce résultat, pour arriver à cet aplanissement *de toutes les difficultés de notre conquête* (3), je cherche vainement un autre moyen, je ne vois que celui de *l'Assimilation;* et si nous ne voulons pas nous borner à régner en Algérie, *sur des corps dont les âmes nous échapperont toujours*, c'est celui-là *seul* que notre intérêt, intérêt que je ne sépare pas de celui des Arabes, nous prescrit d'employer. Pourquoi donc ne pas nous y attacher sans courir encore les chances de périlleuses aventures... Mais il ne faut pas qu'on s'illusionne! Cette *Assimilation* ne sera certes pas l'affaire d'un

---

(1) Lettre de l'Empereur, page 10.
(2) Lettre de l'Empereur, page 10.
(3) *Les Kabyles*, par M. Aucapitaine, page 59.

jour, ni peut-être même d'un siècle; mais énergiquement mettre la main à l'œuvre, commencer enfin, c'est énorme!... Le reste est l'affaire du temps et des hommes sages qui le remplissent.

On l'a dit et répété à satiété : il est évident que l'Arabe ne nous comprend pas, et jusqu'à ce jour on s'est, je crois, assez peu inquiété de lui donner l'intelligence de nos actes et de nos volontés. Comme le serviteur du centenier de l'évangile, il a obéi, sans jamais demander *pourquoi?* De là les idées fausses qu'il a sur nous et que le fanatisme ou l'habileté de ses chefs se garde bien de détruire, lors même qu'il ne les partage pas. C'est là un malheur qu'on ne saurait trop déplorer, car l'indigène, défiant par nature et aussi parce qu'il se sent faible, reste autant que cela lui est possible *en dehors de notre mouvement;* ou bien, si nous le forçons violemment à y entrer, *nous semons des colères pour recueillir des vengeances.* Voyez avec quel flegme dédaigneux et superbe, couché devant sa tente, il nous regarde passer !.....
Nous sommes pour lui *des infidèles,* — il nous méprise, il nous maudit, en attendant que Dieu lui prête son bras pour nous chasser; dans sa pensée, il s'estime infiniment plus haut que

nous, car il n'a besoin ni de nous ni de nos produits, et sa foi religieuse est à ses yeux la première du monde (1).

Comment l'amener *sans secousses* à mettre de côté ses répugnances et à se mêler, même avec plaisir, à notre mouvement? car *tout est là!*

Je ne parle pas des Arabes qui vivent d'une manière stable dans nos villes; ceux-là ne seront jamais un embarras sérieux que pour la police; ils sont en général insolents, maugréent Dieu, s'enivrent, et se regardent en conséquence *comme Français* (2). Mais à côté de cette population dévoyée, que nous n'avons pas rendue plus immorale, mais à laquelle nous avons inoculé des vices nouveaux, il en existe une autre, digne de toute notre sollicitude. *Toujours rebelle, au moins de cœur, à notre autorité, cette population est demeurée complètement arabe et vierge de tout contact habituel avec nous.* C'est donc celle-là, la plus saine, la plus nombreuse, la plus riche, la plus influente, *la plus récalcitrante et la plus « mobile, »* dont

---

(1) *Souvenirs d'un chef de bureau arabe,* page 68.
(2) J'ai toujours été tenté d'appliquer des coups de canne aux Arabes que je rencontrais en état d'ivresse et qui répondaient invariablement à mes reproches par ces mots, à leur avis, sans réplique : « *Ana Françis,* — moi, *Français!* »

il importe de conquérir à la France le cœur et l'esprit, qu'il faut atteindre et *séduire*. Je veux parler des *nomades* ou Arabes des tribus du Sahara algérien, qui composent à eux seuls la population la plus considérable de notre colonie, puisque d'après le recensement de 1854, sur 2,056,298 indigènes, on comptait 1 million 178,900 Arabes.

J'ai essayé de démontrer précédemment que les bureaux arabes, sagement administrés, et les smalas de spahis, dirigées par des officiers consciencieux et habiles, étaient appelés à acquérir une grande influence sur les indigènes, et pouvaient concourir d'une manière puissante, les dernières surtout, à l'œuvre pacifique de *l'Assimilation ;* mais, d'un côté, le cercle d'action des bureaux arabes est trop étendu, et de l'autre, la plus notable partie, ou plutôt la presque *totalité de la population indigène* restera toujours en dehors du foyer où rayonne l'influence de la smala. *Tous les Arabes ne peuvent pas être spahis,* et d'ailleurs, *après un engagement de trois ans, beaucoup quittent le service et rentrent dans leurs tribus.* De plus, la smala est *sédentaire*, et quand même elle serait *nomade*, l'influence qu'elle peut exercer se bornerait à peu près aux seuls individus qui en font partie. En outre, la smala *est au gouvernement,* à ce Beylik détesté, espèce d'officine de satan, où s'élaborent toutes les vexations qui viennent troubler le repos de l'indigène et dont ils s'éloignent avec une sainte horreur. Enfin, l'incroyable orgueil et la morgue insolente de l'Arabe honoré d'un burnous rouge (1), écartent loin de la smala les étrangers de la classe vulgaire. L'indigène est ainsi : je ne connais pas de plus insupportable tyranneau qu'un caporal turco qui a la conscience de sa dignité (2).

Le bureau arabe de même que la smala de spahis, qui, dans un certain milieu et sur un territoire plus ou moins étendu, enfantera d'importants résultats pour *l'Assimilation,* on le voit, *ne peut cependant pas tout faire;* toujours, *la majeure partie* de la population in-

(1) Couleur qui distingue le burnous des spahis.

(2) Tous ceux qui ont eu à leur service des *ordonnances* ou des domestiques arabes, savent avec quel sans façon ils traitent leurs coreligionnaires, avec quel zèle, pour se donner de l'importance, ils les bousculent et les maltraitent. Et si alors, on leur adresse une observation sur l'inconvenance de pareils procédés à l'égard de leurs frères, il faut voir avec quel dédain superbe et vraiment comique ils répondent : « *Oh! arbi, barca,* — *ce n'est qu'un arabe!* » oubliant qu'ils le sont eux-mêmes.

digène, soit *de parti-pris*, soit par des empêchements naturels de temps, *de distances ou de personnes*, échappera forcément à son influence. — *Il est donc nécessaire* alors que l'œuvre des smalas soit mieux entendue, que la pensée en soit complétée ; *il faut* qu'une nouvelle influence, *occulte plutôt qu'apparente*, *vienne s'ajouter à la sienne, et atteigne en même temps, et les populations qui se montrent les plus rebelles au progrès, et les tribus les plus éloignées du centre de notre mouvement civilisateur.*

Il est extrêmement facile, j'ose le dire, d'arriver à ce double but, — *pourvu qu'on ne craigne pas de se servir des instruments qui, seuls, en face d'un pareil peuple, peuvent être employés avec succès ;* mais, pour obtenir, par leur moyen, des avantages *plus sérieux et sur une plus grande échelle* que ceux attendus des bureaux arabes et des smalas de spahis, ces instruments doivent être placés dans des conditions *essentiellement différentes*, quoique obéissant à la même pensée.

Je vais essayer, aussi brièvement que possible, de me faire comprendre et de dégager mon idée de ce qu'elle peut avoir d'obscur en en exposant la pratique.

III

Je suppose un homme intelligent, *parfaitement au courant des mœurs, des usages et des préjugés des Arabes* ; probe, consciencieux et *honnête surtout ;* d'un certain âge, sans être cependant un vieillard, incapable d'activité ; *propriétaire,* par conséquent *juge dans ses propres intérêts :* mieux que personne il connaît sa position, le but qu'il poursuit, *et ce qu'il faut faire pour l'atteindre.* — Cet homme *n'est pas fonctionnaire,* il ne demande et ne reçoit personnellement rien du budget ; aucun chef, militaire ou civil, *ne pèse sur lui* de manière à le gêner dans son indépendance ; de son côté, il s'efforce de vivre en bons rapports avec tous, en évitant tout ce qui pourrait froisser ou blesser l'autorité en quoi que ce soit de raisonnable, *mais les agents de l'autorité ne peuvent exiger de lui que ce qui est prévu par la loi.* — *Il est Français :* ce titre lui assure des priviléges et lui confère des droits, *qui ne seraient pas impunément violés*. Il se fera un devoir *de marcher d'accord* avec l'administration, mais les observations et les conseils qu'elle pourra lui adresser, *ne seront jamais des ordres* (1).

Je ne saurais trop y insister, *parce que cela est de la plus haute importance*, l'individu que je mets en scène peut être l'instrument *occulte* d'une volonté supérieure, *mais il n'est pas à l'État :* aux yeux et dans la pensée de tous, *il est son maître et le maître.*

De plus, et ceci est la garantie *sine quâ non du succès*, outre tous les avantages que je viens de spécifier, il faut que cet homme joigne à son caractère personnel, que je suppose à la hauteur de sa mission, — *un titre* qui loin d'éveiller les susceptibilités et d'émouvoir les répugnances des Arabes, les prévienne au contraire, *provoque leur confiance*, et leur inspire pour sa personne *un respect qui n'est jamais sans influence.*

Voilà l'homme, c'est-à-dire, la tête qui pense

---

(1) Je supplie le lecteur de lire avec la plus sérieuse attention ce passage, chaque mot y a sa raison d'être ; il me serait facile de le prouver par des faits. (Note de l'auteur.)

et la main qui gouverne. Voyons maintenant les outils qui feront la besogne, qui sèmeront, sans s'en douter, le progrès autour d'eux, et formeront les premières assises de *l'Assimilation.*

Ce propriétaire a des tentes plantées dans ce qu'on appelle le *Sahara algérien*, au centre des Arabes pasteurs, à portée de l'eau, au milieu de pâturages étendus, à proximité de terres arables, *concédées ou vendues* par l'État (1). *C'est là le cantonnement d'été,* siége de la tribu des — *Béni-Roumis ?...* — et où l'on demeure durant les grandes chaleurs pour faire la moisson et préparer les approvisionnements des grandes marches de l'hiver.

Le soir, autour des tentes, s'agitent des Arabes, jeunes pour la plupart, *mais déjà mariés* ou devant l'être sous peu, que le maître tient dans sa main (2), et qu'il traite avec une bonté vigilante et paternelle, *mais sans faiblesse :* ils sont les pasteurs du troupeau confié à leur garde.

(1) Je dis *concédées ou vendues...* Si l'État ne veut pas concéder, qu'il vende, ou *qu'il permette seulement d'acheter.* Ce serait là, il est vrai, une charge de plus, mais la religion est venue à bout de plus graves difficultés.

(2) Locution arabe.

L'ASSIMILATION

Quelques français, *dont le nombre augmentera en proportion des ressources dont disposera le maître,* choisis avec le plus grand soin, accoutumés à l'ordre et à obéir, sobres surtout, *car le vin n'est provisoirement permis qu'aux malades* (1), *et ayant tous une profession utile,* complètent le personnel.

Tout d'abord et pour commencer, on obtiendrait, sans trop de difficulté, je pense, de la bienveillance de l'autorité supérieure militaire, quelques soldats d'une conduite éprouvée, solides des bras comme du cœur, et capables d'être employés comme *moniteurs.*

Je dis *tout d'abord et pour commencer*... En effet, à part de très-rares exceptions, il n'est guère possible de compter sur des militaires pour le grand travail de *l'Assimilation.* La

(1) Pour ne pas scandaliser les indigènes. — On a dit cent mille fois que l'eau pure en Afrique est malsaine ; lorsqu'elle est croupissante, cela est vrai partout, et en Algérie, quand des lauriers-roses poussent sur le parcours de la source ; autrement son usage n'offre pas là plus d'inconvénient qu'ailleurs. *Comme expérimentation,* je me suis condamné, dans le désert, à ne boire que de l'eau, je ne m'en portais pas plus mal, et cependant, celle dont je me servais, l'Oued Mezi de Laghouat, a une assez mauvaise réputation. Au reste, les Arabes n'ont pas d'autre boisson, et pourtant, *tous les médecins le reconnaissent, ils sont doués d'une puissance de vitalité bien supérieure à la nôtre.* Pour Noé, le jus de la vigne a-t-il été jamais une nécessité de tempérament !

7

raison en est tellement évidente qu'il semble inutile de la justifier. Comment amener *à se plaire au désert* ces jeunes gens qui, pour la plupart, ont laissé en France un père, une mère, des frères, des sœurs, des amis, en un mot, une famille et son entourage, *des intérêts de cœur*, de position, d'avenir, de fortune? *Quoi qu'on fasse*, leurs aspirations seront toujours tournées vers la patrie où les rappellent tant et de si doux souvenirs! En outre, ces jeunes gens, dont le tempérament est formé, ont déjà contracté des habitudes de vivre incompatibles avec le séjour obligé au désert et qu'il leur serait presque impossible de modifier. Car, il faut qu'on le sache bien, si d'un côté la vie pastorale offre des jouissances nombreuses et tranquilles, elle exige en retour de celui qui veut l'embrasser *avec avantage*, — *une prudence de conduite constante et une sobriété extrême*. Or, ces vertus sont, en général, peu pratiquées par les militaires, ou du moins, ils ne s'y soumettraient que difficilement et peut-être même au détriment de leur santé.

Pour se faire à l'existence douce, calme *et surtout monotone* que mène le pasteur, il faut y être initié presque dès l'enfance, par exemple, de douze à seize ans. A cet âge, le tempérament se forme, les habitudes ne sont pas invétérées, et le cœur encore tendre et vierge, est accessible aux bons et généreux sentiments.

Ainsi, les militaires pourraient aider à asseoir les fondations de l'œuvre de *l'Assimilation*, mais ils n'en seront jamais l'espérance.

Cette *espérance*, la voici : Ce sont des enfants et des jeunes gens qu'on pourrait facilement recruter :

1° **Parmi les jeunes détenus destinés aux colonies pénitentiaires agricoles.** Conduits en Algérie et au désert, ces enfants s'y trouveraient dans un milieu qui leur conviendrait sous tous les rapports ; changeant de place constamment, leurs habitudes un peu vagabondes s'en accommoderaient admirablement ; le travail manuel y est fort peu de chose et le climat parfaitement sain. — A leur sortie de la maison de correction, on sait généralement ce qu'ils deviennent : retombant dans un milieu social délétère, entraînés par de mauvais exemples et de pernicieux conseils, abandonnés sans guides et sans frein, à toute la fougue des passions de leur âge, leurs instincts pervers se réveillent, et ils ne tardent pas à redevenir ce que tout d'abord ils menaçaient d'être, un danger permanent pour la société. — Au désert, rien de pareil n'est à craindre : car leur peine étant expirée, ils continuent à vivre dans le même milieu, où ils ne se heurtent ni à de fâcheux exemples, ni à de fatals entraînements, et ils entrent dans la vie sérieuse à laquelle ils sont préparés par les enseignements qu'ils ont reçus, par le mariage où ils sont engagés *de bonne heure*, et par leur intérêt *à cause des avantages* qu'ils y trouvent. Tous auraient sans doute la liberté de s'en aller, mais pour le plus grand nombre, j'en suis sûr, retenus par des liens de famille, et des habitudes déjà chères, le désert deviendrait une seconde patrie. L'État y gagnerait doublement, en ce sens, que ces enfants lui coûteraient moins qu'en France et que le danger de leur présence en serait écarté. Dernièrement, un ministre faisait appel aux comices agricoles pour le placement de ces enfants. Si on le veut, il y a place pour un certain nombre d'entre eux au désert, et je n'hésite pas à le déclarer, dans de meilleures conditions *de préservation* que dans les vastes exploitations de nos grands agriculteurs. Il faut avoir vu ce qui se passe dans la Brie et généralement dans les pays *de gros fermiers*, pour se rendre compte de la manière dont y sont surveillés, sous le rapport de la conduite morale et religieuse, les domestiques des deux sexes ; rien de plus lamentable et de plus honteux en même temps.

2° Ils se recruteraient encore parmi les jeunes gens qui sortent chaque année des orphelinats établis en Algérie. Cette œuvre admirable du vénéré père Brumauld, que j'ai eu l'honneur de connaître particulièrement, n'a pas produit tout ce que son noble cœur en attendait. Ce n'est pas sa faute. Il espérait pouvoir marier les orphelins de sa maison à de jeunes orphelines élevées chez les sœurs de Saint-Vincent-de-Paul, à Mustapha, et les établir ensuite sur des concessions octroyées par l'administration. Mais les concessions ont fait défaut, et à tort ou à raison, il trouvait les orphelines de Mustapha trop *demoiselles* pour ses garçons dont il me disait souvent, dans son langage pittoresque : « *J'en veux faire des ouvriers, de gros ouvriers, comme saint Joseph, qui n'était pas un ébéniste.* » Aussi il arrive aujourd'hui que la plupart de ces jeunes gens, riches de bons sentiments, intelligents, capables, ayant envie de bien faire, mais le plus souvent sans autre ressource, se voient obligés, à leur départ de la maison où ils ont grandi, de se caser comme ouvriers ou comme domestiques, et ainsi ils ne profitent que d'une façon fort éloignée à la colonisation en vue de laquelle pourtant on les élève. Cette autre grande œuvre de *l'Assimilation* leur offre, au désert, une voie de plus pour se tirer d'une position toujours précaire, et là au moins, ils pourront s'entourer d'une famille, se créer des intérêts et dédommager la France par leur dévouement à ses vues, des sacrifices qu'elle s'est imposés pour eux.

3° On y adjoindrait enfin les rares orphelins arabes qu'on recueillerait dans les trois provinces de l'Algérie, et l'on éviterait ainsi la dépense considérable de fondation et d'entretien, des trois établissements projetés par l'Auguste auteur de la lettre à M. le duc de Magenta (1).

Je ne puis guère ici qu'esquisser à grands traits les choses ; il me suffit que l'idée soit comprise, les esprits pratiques et réfléchis, pour lesquels j'écris, peuvent se passer de plus amples détails.

(1) Page 39.

Un ou plusieurs professeurs, à la charge du maître et sous sa direction, donnent des leçons aux jeunes gens de la tribu ou smala, comme on voudra l'appeler : *le français seul est enseigné et toute école arabe interdite.*

Voilà les instruments *intelligents* dont le maître dispose. Voyons maintenant les instruments *qui ne le sont pas*, et dont il se sert également. Ils ont aussi une grande importance.

Ces instruments sont aussi nombreux que possible et choisis dans de bonnes conditions. C'est sur eux, en réalité, que reposent toutes les espérances de l'avenir, car c'est par eux que doit commencer *la régénération* si profitable des races, *l'Assimilation* si désirable des deux peuples, le mariage si fécond en résultats du conquérant avec le vaincu. Ils appellent donc une sollicitude toute particulière de la part du maître. On a sans doute déjà compris que je veux parler du troupeau.

IV

Ce troupeau se compose..... Il est parfaitement inutile que j'entre ici dans ce détail. Il me suffit de dire qu'il se compose des mêmes éléments que ceux des indigènes, mais choisis et propres à des croisements qui amélioreraient promptement les immenses troupeaux du Sahara algérien.

Voilà les outils, les moyens qu'il faut mettre en œuvre *pour recoudre!* Voilà *les porteurs* véritables du progrès chez les Arabes, *le seul* qui ne leur inspirera pas d'ombrage et qu'il s'agit de leur faire adopter, — *non pas en le leur livrant gratuitement*, ce qui serait une duperie, mais en le leur faisant aimer, et par suite, *volontairement acheter*. En général, on prend soin d'un objet en raison de ce qu'il a coûté ; si donc l'Arabe *débourse pour acquérir*, il se mettra en quatre *pour conserver*. Comme il ne fait jamais, lui, que des cadeaux trèsintéressés, il faut le traiter de même, autrement il en abuse, *sans comprendre qu'une faveur puisse être purement gratuite.* On se préparerait de bien cruelles déceptions, si l'on espérait se l'attacher *exclusivement* par des bienfaits ; qu'on le saisisse *par l'intérêt*, c'est beaucoup plus sûr ! et une fois qu'il aura mordu à ce fruit, pour lui si savoureux, on pourra bien lui briser la mâchoire, mais on ne lui fera pas lâcher prise. Celui qui a écrit la phrase suivante, les connaît bien : « Que l'état social de l'Arabe soit peu à peu modifié, que nous parvenions à lui créer des intérêts qui soient comme la caution de ses écarts : il est trop bon calculateur pour les mettre en péril (1). » — Mais cet état social *ne s'est pas modifié*, et ces intérêts *sont encore à créer*. Or, mon but est précisément d'atteindre à ce double résultat.

Les choses disposées telles que je l'ai dit, tant sous le rapport du personnel que sous le rapport du troupeau, vienne le moment, et l'on marchera, sous l'œil de Dieu, à l'abordage de la barbarie.

L'heure des premières pluies a sonné, le

---

(1) Rapport présenté à l'Empereur sur la situation de l'Algérie en 1853, par M. le maréchal Vaillant, ministre de la guerre, page 13.

temps des semailles est venu. Aussitôt des charrues françaises ouvrent la campagne des labours. Tous les jours, et à tour de rôle, un des jeunes gens de la tribu, sous la surveillance d'un cultivateur de profession, s'empare de la charrue et apprend à la diriger *secundum artem*. Avant la fin de la saison, ils seront tout glorieux d'en savoir presque autant que leurs instituteurs.

De leur côté, les jardiniers ne sont pas restés oisifs. Des jardins ont été tracés d'avance, et ils y travaillent. Tout Arabe marié, *chef dans sa tente,* est élevé à la dignité de propriétaire et en possède un que *le sort* lui a donné. Cette faveur ne manquera pas de faire naître chez les autres l'envie de jouir du même avantage. On les laissera donc se marier; dans l'occasion, *on les y aidera même*, après s'être adroitement édifié sur le compte de la future (1). Par le mariage, *on les fixera de bonne heure*, et l'on préviendra certains écarts, qu'il est inutile de

---

(1) J'ai vu *un lieutenant indigène prendre pour femme une créature qu'il avait tirée du lupanar de Laghouat.* Quoique les Arabes n'aient pas les mêmes délicatesses que nous sur ce point, pour l'honneur de l'uniforme français, c'est là une aberration qui n'aurait pas dû être tolérée.

nommer, et auxquels on prétend qu'ils sont assez sujets (1).

Il faudrait pouvoir leur faire épouser *des orphelines européennes, élevées en Afrique et dans des conditions spéciales.* Ce serait là un fait immense et dont les conséquences s'aperçoivent tout de suite. *Les obstacles ne viendraient, ni des jeunes indigènes, qui feraient des folies pour une de ces femmes, ni du côté des jeunes filles, car les Arabes du Sahara, en général, sont beaux et bien faits.*

J'ai dit que ces orphelines devraient être élevées *dans des conditions spéciales.* En effet, celui qui a vécu avec l'Arabe, sait que c'est la femme qui tisse à peu près toutes les étoffes dont on se sert sous la tente, depuis le burnous de son mari jusqu'à la couverture dont il abrite son cheval ; c'est elle qui trait les chamelles, les chèvres et les brebis à leur retour du pâtu-

---

(1) Dans la séance du 9 février 1866, M. le marquis de Boissy disait au Sénat : « *Le séjour des régiments arabes en France a introduit dans l'armée les mœurs les plus fâcheuses.....* » Je crois cette parole exagérée pour le présent, mais j'avoue que néanmoins elle signale un danger qui peut être grand pour l'avenir. Je n'insiste pas ; la réserve qui m'est imposée me défend de dire rien de plus sur ce qui doit être un objet de graves préoccupations pour tous ceux qui ont à cœur l'honneur de notre patrie.

rage ; c'est elle qui prépare tout ce qu'il faut pour la nourriture, en un mot, presque tout le matériel de la tente tombe à sa charge ; le mari s'occupe de ses troupeaux et des affaires du dehors. Une jeune fille élevée dans des conditions ordinaires serait donc, au désert, aussi déplacée qu'inutile. Mais, est-ce que les sœurs de Laghouat, par exemple, qui vivent dans un pays complètement arabe, au milieu d'une ville où la plus ignorante des femmes indigènes sait faire et confectionner toutes ces choses, ne pourraient pas prendre des sujets, soit dans les maisons de France, soit dans les orphelinats de l'Algérie, et les élever dans les conditions et pour le but si important que je signale ici? Qu'importe à l'administration d'entretenir ces enfants à Laghouat ou ailleurs ? — Mais qu'on se le persuade bien, la vie de la femme sous la tente, n'est pas celle d'une *demoiselle* paresseuse et fainéante, elle est au contraire active, pénible et aussi occupée que la vie de nos plus laborieuses campagnardes. C'est donc aux religieuses qui en seraient chargées, à les diriger de telle façon que le passage de leur maison à la tente ne fût pas, pour ces jeunes filles, une transition violente, mais la continuation, pour ainsi dire de leur existence de chaque jour, avec le bonheur de la vie au grand air et le titre d'épouse, envié par elles, de plus.

Ces jeunes femmes apporteraient dans la tribu, *outre leur influence personnelle que le maître saurait utiliser,* des habitudes de propreté, la couture et une foule de petits talents dont les femmes indigènes n'ont aucune idée.

Je reviens aux jardiniers. Les uns, secondés par les indigènes *non mariés,* cultivent *le jardin modèle* et où se trouve *la pépinière ;* les autres enseignent à ceux qui ont femme, la manière de planter, de semer et de soigner différents légumes de première nécessité *et de conserve,* sans songer à en faire des horticulteurs. Chacun est maître absolu du rendement de son terrain et en dispose à son profit, mais il ne peut le vendre *hors de la tribu,* sans avoir pris conseil du chef (1). — Une chose utile *et dont on voudra répandre l'usage,* pourra être donnée en prime à celui qui aura le mieux réussi. — Le maraudeur, et il y en aura, il faut s'y attendre, sera condamné à payer au propriétaire lésé une

(1) Afin qu'il puisse guider sur l'époque la plus avantageuse et le prix de la vente.

amende *en nature*. C'est ainsi qu'on devra toujours procéder pour les récompenses comme pour les châtiments. La raison : c'est que l'argent disparaît, tandis que l'objet demeure *et profite*, si c'est, par exemple, une brebis ou une chèvre.

Les gages des serviteurs indigènes, suivant l'usage établi parmi eux, seront également payés, partie en vêtements, partie en jeunes bestiaux, *nés dans la tribu*, de façon qu'au bout d'un certain temps, ils soient possesseurs des éléments d'un troupeau composé *d'espèces régénérées*, — puissant moyen d'en accroître le nombre *et la diffusion*. — Il peut arriver qu'on soit obligé de se débarrasser d'un Arabe indocile et mauvais sujet, mais comme on le laisse emmener les bêtes qui lui appartiennent, *une partie du but proposé est néanmoins obtenu.*

Le moment de marier des Français, vivant dans la tribu, étant arrivé, s'ils ont passé, *au moins un an,* sous les yeux du maître, s'ils offrent des garanties suffisantes, s'ils montrent de l'aptitude et du goût pour la vie pastorale, — *ils pourront*, sur leur demande, *être définitivement agrégés à la tribu,* et mis à même de se créer, *toujours au moyen des bestiaux*, une certaine position.

Il serait extrêmement facile alors de les marier *avec des jeunes filles indigènes*. Ce résultat, si capital et si décisif pour l'avenir, *il suffit de le vouloir pour l'obtenir*, et d'avoir un peu d'influence près des familles, car *les femmes arabes sont aussi désireuses des Français que les indigènes peuvent l'être des Européennes.*

Au moment de leur mariage, Français et Arabes, prenant rang parmi les chefs de tente, sont armés d'un fusil. Il faut qu'au besoin, ils puissent faire le coup de feu, défendre à la fois leur famille, leur propriété et le drapeau de la France. — Voilà le makhzen (1) tel que je le comprends, et qui est infiniment préférable à celui du système turc, pillard, voleur et oppresseur de ses frères, tel que les traditions nous le dépeignent.

Je glisse sur beaucoup de menus détails, qu'on devine, sans que j'aie besoin de les écrire. Dans la pratique journalière, on doit y descendre, car rien ne se néglige impunément, mais il serait aussi ennuyeux que superflu de

---

(1) Lettre de l'Empereur, page 63.

tout vouloir dire ; d'ailleurs, il est admis *en principe*, que le maître est capable et à la hauteur de sa mission.

Les semailles sont terminées. Le froid vient, l'herbe se fait rare ; il faut fuir devant l'hiver et se mettre en quête de nouveaux pâturages. Le troupeau prend sa route vers le sud, et la tribu lève ses tentes pour le suivre.

Mais tout le monde n'est point parti. Il importe de veiller aux champs ensemencés et d'entretenir les jardins. Quelques Arabes, les jardiniers et les ouvriers d'art sont restés sous la conduite et l'autorité d'un *alter ego* qui préside en l'absence du maître. L'ouvrage ne manque pas : on plante des arbres, et de ceux qui ne fournissent que de l'ombre et du bois, et de ceux qui portent des fruits ; on travaille aux maisons, dont le nombre augmentera chaque année, au fur et à mesure des besoins. Ces maisons sont construites économiquement, en terre, comme toutes celles du Sahara. Elles sont plutôt destinées à serrer les provisions de chacun qu'à être habitées, car la tente en poil de chameaux, leur est infiniment préférable, l'été surtout.

Pendant ce temps-là, la tribu continue son

chemin. On sait d'avance que cette première campagne sera sans résultats *appréciables ;* on ne pourra y faire *que des connaissances et des reconnaissances,* la tribu n'ayant point encore de produits à échanger. L'année suivante et les années postérieures, s'il plaît à Dieu, seront plus fructueuses : *les petits seront venus,* et l'œuvre du progrès *pour la régénération du bétail dans le Sahara,* pourra commencer, sans plus s'arrêter jamais.

Lorsque les Arabes verront qu'une chèvre du troupeau donne à elle seule autant de lait que plusieurs chèvres de race indigène pure, que les moutons sont plus forts, couverts d'une laine plus fine et qui se vend plus cher que celle des toisons de leurs brebis, etc., etc., *leur cupidité s'éveillera,* et ils voudront en avoir de pareils à leur tour. On se rendra à leur désir, mais au moyen d'échanges raisonnablement avantageux pour la tribu. Bien que le maître ne soit pas un spéculateur, il doit cependant songer à ses intérêts, car il a des charges et plus il aura de ressources à sa disposition, *plus promptement le but proposé sera atteint.*

Il est certain que des indigènes, déjà possesseurs de troupeaux, et enhardis *par le ca-*

ractère qui distingue le maître, *demanderont à faire partie de la tribu* (1). On se gardera bien de les repousser, *ce qui serait une faute énorme !* Un gouvernement sage *et qui veut s'assurer l'avenir*, fera au contraire naître en eux cette tendance en leur octroyant quelque privilége de peu de valeur en réalité, mais considérable pour l'indigène *si âpre au gain*. Pourquoi, par exemple, le décret du 25 août 1858, du prince Napoléon, qui exempte de l'impôt de *l'Achour* (2) les Arabes fixés *en territoire militaire au service des Européens*, et qui n'a pas été abrogé, ne s'étendrait-il pas jusqu'à eux ?

L'accession de ces familles à la tribu offrirait un immense avantage et qui mérite qu'on y réfléchisse, c'est que le maître y trouverait *des jeunes filles pour ses Français*.

---

(1) Si les Arabes étaient libres, on n'aurait ici qu'un embarras, *celui du choix*.

(2) Impôt qui pèse sur les charrues.

V

Ce qui va maintenant suivre *étant de la plus extrême importance pour la fin que je me propose*, je prie les personnes qui me feront l'honneur de me lire, d'y apporter *la plus sérieuse attention.*

Le maître, pas plus que son entourage, *ne fera rien pour détruire les convictions religieuses des Arabes* qui seront venus se grouper autour de lui. En principe, et pour éviter tout froissement préjudiciable au but proposé, *toute espèce de propagande est sévèrement interdite,* — mais la religion catholique est ouvertement pratiquée par les Français de la tribu. Qu'on me permette de répéter ici ce que j'ai déjà dit ailleurs, que cette pratique, *au lieu de blesser les indigènes, les édifie au contraire et provoque leur estime* (1). Pour un Arabe, et cela

---

(1) *Des Arabes et de l'occupation restreinte*, première partie, page 42.

devrait être pour tout le monde, *tout homme qui n'a pas de religion est un phénomène monstrueux et qu'ils poursuivent de leurs anathèmes.* Qu'on se rappelle ce qu'écrivait, dans ses *Annales algériennes*, M. le capitaine d'état-major Pélissier, « *que notre indifférence religieuse était ce qui scandalisait le plus les indigènes.* »

Si dans la suite, par esprit d'imitation, par vanité, par d'autres motifs encore et même par conviction, il arrivait qu'un Arabe *voulût devenir chrétien*, on ne repoussera point sa demande, *pourvu qu'elle soit libre;* on approuvera au contraire sa résolution, et l'on procédera en conséquence à son instruction. — On peut même affirmer que, pour peu qu'il eût passé plusieurs mois dans la tribu, cette instruction serait déjà fort avancée, car il n'y a rien de plus curieux que l'indigène pour tout ce qui tient à la religion. L'exercice public du culte catholique serait pour lui le sujet d'une multitude de questions auxquelles on ne manquerait pas de répondre. — S'il persiste ensuite dans son désir d'embrasser la croyance des Français, on le baptisera, *mais sans éclat.* Chose de la plus haute importance et sur laquelle j'insiste : en devenant membre de la grand famille chrétienne, *il faut que cet homme s'aperçoive qu'il s'est élevé à nos yeux,* que sa foi nouvelle lui a conféré un titre sérieux à la bienveillance de la France, et que sa condition, au lieu d'être un sujet de railleries, *devienne un objet d'envie pour ses anciens coreligionnaires.* Une administration sage et clairvoyante *lui accorderait donc des droits de plus.* Par son entrée dans la tribu, il a bénéficié de l'impôt de *l'Achour,* par exemple, par sa conversion au christianisme, *jusqu'à sa mort,* pourvu qu'il ait continué à le professer, *il ne paie plus au gouvernement que la moitié de l'impôt du bétail ou zekkat.* — Il va sans dire que les enfants, nés dans la tribu, de mariages entre indigènes et européennes, *et vice versa,* sont *de droit* chrétiens.

Trouverait-on cette faveur exagérée? Je réponds qu'*elle est rigoureusement nécessaire,* car il ne faut pas perdre de vue que ce converti doit devenir la souche d'une famille *dont les membres à naître suivront la religion du père*; il importe donc qu'à défaut de convictions profondes, *l'intérêt tienne celui-ci lié jusqu'à sa dernière heure;* alors, ses enfants, élevés dans la pratique du catholicisme, *seront à tout ja-*

mais perdus pour le mahométisme, et par là même, irrévocablement ralliés à la France.

Je ne me dissimule pas que plusieurs esprits, surtout de ceux qui prêchent la tolérance en se passant de religion, s'élèveront contre cette idée et crieront qu'il y a quelque chose d'odieux à se servir *de l'appât d'un intérêt matériel* pour amener un individu à quitter sa vieille foi pour en embrasser une nouvelle. Je me résigne d'avance à ce petit désagrément. Mais si l'on parvient à faire *doucement et sans violence*, délaisser par l'Arabe un culte *qui abrutit*, pour lui en faire adopter un autre *qui civilise*, — où est l'odieux, et n'est-ce pas là plutôt lui rendre un signalé service ? La *tolérance* dont on veut user, disons mieux, abuser à son égard, arrivera-t-elle jamais à ce résultat *humanitaire* incontestable ? Avons-nous donc perdu la mémoire, et ne serons-nous toujours aveugles que sur nos véritables intérêts ? Les hommes politiques de tous les temps ont-ils jamais imaginé de meilleur moyen pour anéantir la nationalité d'un peuple conquis *que celui de le convertir à la religion du peuple vainqueur*, surtout lorsque, comme les indigènes en face des Français, *le vaincu ne peut pas prier sans maudire son conquérant?* Les Arabes le comprenaient bien autrefois, et le Russe ne l'a point oublié.

On dira peut-être encore : Mais ces conversions *ne seront rien moins que solides?* — Je ne prétends pas, en effet, que les indigènes affronteraient courageusement le martyre au lendemain de leur baptême, mais en les saisissant par le moyen que j'ai indiqué, *on serait au moins maître de l'esprit de leurs enfants,* et n'est-ce pas sur eux, en réalité, que l'avenir repose ?

Enfin, on pourrait objecter que le fanatisme des Arabes surexcité par les conversions de leurs coreligionnaires, produirait de fâcheuses complications, de l'agitation, des révoltes, etc.? — D'abord, il ne faut pas s'imaginer que les indigènes se précipiteront en foule au baptême, on s'illusionnerait étrangement ! Ils n'y viendront au contraire que lentement, peu à peu, un à un, surtout dans le principe, mais une fois que le mouvement, *préparé par des mariages et activé par quelque faveur,* aura commencé, il ne s'arrêtera plus..... Si l'on faisait une propagande empressée et ardente, non pas seulement sur quelques points imperceptibles, mais sur toute la surface de l'Algérie, on pourrait peut-être concevoir des craintes sur la tranquillité du pays, — et encore il faudrait voir si ces révoltes ne seraient pas tout simplement des bâtons jetés dans les roues de l'œuvre, par des motifs aussi peu honorables que désintéressés, *et de la nature des razzias de pied ferme* (1) ; — mais c'est précisément *tout le contraire* qui a lieu : une seule tribu serait d'abord instituée dans les conditions que j'indique; on fait ses affaires sans bruit, on n'embouche aucune trompette, on ne pèse pas sur la conscience de l'indigène, on attend que sa volonté se manifeste, on ne fait que se rendre à sa prière, et on le récompense ensuite, *parce qu'il a fait une chose bonne.* En un mot, *le zèle est ici à l'état complètement latent.*

Avant la conquête, les indigènes n'agissaient pas autrement à l'égard de leurs esclaves chrétiens; ils payaient par des bienfaits l'apostasie, apostasie provoquée le plus souvent par des menaces, des mauvais traitements et la torture. Qu'on interroge leur histoire, et l'on se convaincra que leur premier soin *a toujours été*

---

(1) *Souvenirs d'un chef de bureau arabe,* page 236.

de travailler par la séduction, la violence et la terreur, lorsque la séduction était impuissante, à détruire la religion des peuples qu'ils avaient vaincus et à leur faire embrasser le mahométisme. Ils ont agi de même en Afrique. La grande famille des Berbères qui se compose des Kabyles, des Mozabites et des Touareg (1), sans parler de l'immense population venue à la suite des Romains et des Vandales, tout ce monde n'était-il pas, au moment de l'invasion, des sectateurs de l'Islam, *ou chrétiens ou juifs?*..... Le cœur se serre douloureusement en lisant les annales des horribles persécutions que ces infortunés ont eu à souffrir de la part de leurs farouches convertisseurs avant de succomber à l'apostasie : vexations de toute nature, corruption savante, tributs odieux, tortures sanglantes, tout fut mis en œuvre pour les faire renoncer à leur croyance. Sait-on que les Berbères se sont révoltés *douze fois* (2), avant de subir le joug du mahométisme? Ce n'est que lorsque la Kahena (3), cette femme su-

---

(1) Voir à la fin de l'ouvrage.

(2) *Ibn khaldoun*, histoire des Berbères traduite par M. le baron de Slane, tome premier, page 28.

(3) *Ibn khaldoun*, histoire des Berbères, traduite par M. le baron de Slane, tome premier, *passim*.

blime et trop peu connue, qui savait les conduire à la victoire, eut succombé par la trahison, qu'ils se résignèrent en frémissant à murmurer du bout des lèvres la prière du prophète maudit. Sans doute, les premiers, ainsi brutalement convertis, furent d'assez médiocres néophytes, mais leurs petits-fils déjà durent se montrer moins rebelles; à la quatrième ou cinquième génération, les Berbères avaient à peu près perdu jusqu'au souvenir du culte pratiqué par leurs pères, et avec lui le sentiment de leur nationalité. Tout fut alors consommé! La ruine des religions rivales fut complète et l'Afrique ne se vit plus foulée que par le pied musulman.

Si les moyens employés méritent et appellent toute notre réprobation, on ne peut s'empêcher de reconnaître pourtant que l'immense résultat obtenu n'est pas trop maladroit.

Quand serons-nous donc enfin convaincus que l'indigène n'est nullement sensible *à l'excès de générosité* dont nous usons à son égard pour ce qui touche à la question religieuse, générosité qui ne nous attire le plus souvent que son mépris avec beaucoup de ridicule, *parce qu'il ne la comprend pas et qu'il la regarde comme une preuve de notre faiblesse.* Il faut cependant qu'on se le persuade bien : la religion musulmane se dresse comme une barrière infranchissable entre l'Arabe et l'Européen ; *de toute nécessité, cette barrière doit disparaître,* car ne restât-il *qu'un seul* mahométan sur le sol de l'Algérie, ce mahométan *sera notre ennemi,* ou s'il ne l'est pas, c'est qu'*il a implicitement renié sa foi.*

Si donc le gouvernement tient vraiment à se gagner la sympathie des Arabes (1), des raisons de la plus sage et de la plus prévoyante politique lui prescrivent de favoriser, *au moins d'une manière occulte, et par les moyens que j'ai indiqués, ces conversions :* elles ne seront jamais trop nombreuses, *si elles sont volontaires.*

On voit que je ne parle point de *l'Assimilation,* de la conversion des Arabes *par des missionnaires prédicateurs,* et quelques-uns pourraient en être surpris. C'est que je suis persuadé que ce genre *de mission* échouerait complètement avec les indigènes, et ce qu'il faut éviter par-dessus tout, *c'est l'insuccès des*

---

(1) Lettre de l'Empereur, page 8.

le début. On ne manquerait pas de s'en faire une arme et un prétexte pour l'avenir. Les susceptibilités religieuses des indigènes pourraient aussi se blesser de ces prédications, des réclamations s'élèveraient, des hommes prévenus et hostiles les seconderaient, peut-être même une agitation réelle ou factice en serait-elle la conséquence, et l'administration alarmée s'empresserait d'opposer un *veto* absolu au zèle des apôtres du christianisme. La prudence la plus élémentaire conseille donc, pour sauvegarder à la fois les intérêts de la religion, ceux des Arabes, de la France, et afin de n'inspirer de craintes et d'ombrage à personne, d'adopter un autre moyen de prosélytisme. Je crois que celui que j'essaie en ce moment d'exposer, réunit toutes les conditions désirables : *pas de prédications,* — partant, pas de froissements, pas de troubles, point d'agitations, le calme partout ; les esprits *tolérants* ne sauraient y trouver à redire, car l'Arabe ne serait point gêné dans sa liberté, le gouvernement auquel on soumettrait sans secousses des cœurs jusqu'alors rebelles ne pourrait qu'y applaudir, et l'administration locale rassurée, ne voudrait pas encourir le grave reproche de manquer d'intelligence et de capacité, en mettant des entraves à une forme d'apostolat qui ne peut que tourner doublement à son avantage (1). En procédant de la façon que j'indique, autant qu'il est donné à l'homme de le prévoir, *le succès est certain*, tandis qu'en employant pour l'œuvre de *l'Assimilation* des missionnaires prédicateurs, sans avoir la prétention de m'ériger en prophète, je ne crains pas d'affirmer *qu'on n'y parviendra jamais*.

On a parlé des premières conversions d'Arabes, *qui n'en étaient pas*, des enfants indigènes recueillis par MM. les Lazaristes, et l'on ajoute que l'expérience a rendu sage, *car pas un n'a persévéré* (2). Il n'y a rien là, à mon avis que de fort ordinaire. Ces conversions, il faut l'avouer, étaient faites dans des conditions déplorables. Monseigneur Dupuch, au cœur si ardent, allait parfois un peu vite, et les enfants,

---

(1) Je ne puis rien dire des Kabyles, car je ne les connais guère que par ce qu'on en a écrit. Mais si j'en crois le petit livre : *Les Kabyles*, de M. le baron Henri Aucapitaine, qui a vécu au milieu d'eux et qui doit les connaître, ils ne sont cependant pas aussi portés vers le christianisme que certains auteurs semblent aujourd'hui l'insinuer. (Voir le livre de M. le docteur Warnier : *L'algérie devant l'Empereur*. Paris, Challamel aîné.)

(2) *La nouvelle Église d'Afrique*, par M. l'abbé Marty, *Correspondant* du 25 mars 1862.

8.

recueillis par MM. les Lazaristes, sortaient de la boue des ruisseaux d'Alger, où ils avaient puisé le germe et l'exemple de tous les vices... Eh bien! quelque défectueuses et peu solides qu'aient été ces conversions dans le principe, — si ces néophytes *avaient pu être suivis et accompagnés dans la vie,* si le prêtre eût continué à avoir sur eux action et influence, tout porte à croire que le résultat eût été autre. Il n'en a pas été ainsi, et ces jeunes gens retombés dans le milieu d'où ils étaient à peine un moment sortis, retrouvant autour d'eux les écueils et les périls dont aucune main ne venait écarter le danger, ces jeunes gens, dis-je, *devaient nécessairement succomber à l'épreuve.*

Que deviendrait les habitants de nos campagnes de France, chrétiens depuis des siècles, si le prêtre n'était pas toujours là, au milieu d'eux, mêlé à leur vie de chaque jour, les reprenant, les soutenant et les exhortant? Et cependant, malgré un zèle actif et incessant, les scandales n'y manquent pas!... Et l'on voudrait qu'un pauvre Arabe, perdu dans le gouffre d'une grande ville, insulté par celui-ci, raillé par celui-là, honni même par des Français, chose incroyable! ne voyant le prêtre que rarement, jamais dans l'intimité, ne s'en approchant qu'avec une certaine crainte, — et l'on voudrait que cet arabe, isolé comme un paria, que personne ne soutient, se tînt debout et ne bronchât pas! En vérité, ceci ressemble presque à une mauvaise plaisanterie. Les conversions d'Arabes, dans les villes, seront longtemps encore désastreuses ; pour qu'elles fussent sérieuses et résistantes, il faudrait pouvoir les suivre et continuer à leur donner des soins : or, *cela n'est possible qu'au désert.*

Mettons les choses au pire. Je suppose, pour un moment que le maître n'arrive *à aucun résultat touchant les indigènes*, que pas un Arabe ne se réunisse à lui, et que tous l'évitent au contraire comme une peste, qu'il en soit réduit, en un mot, *à ses seuls Français et à son seul troupeau,* — n'aura-t-il pas néanmoins réalisé un fait capital et immense ? acclimaté les Européens *à la vie pastorale*, et par des essaims successivement sortis de sa ruche, ENVAHI LE SAHARA ALGÉRIEN, régénéré les troupeaux, accru dans une proportion considérable la fortune de son pays, et REFOULÉ DEVANT LUI CE PEUPLE OBSTINÉ DANS LA BARBARIE, qui a résisté aux bienfaits et aux tendresses de la France ?

Qu'on se rassure. Je connais l'esprit des indigènes, *ce n'est pas d'eux que viendront les obstacles :* les seuls antagonistes du progrès et de *l'Assimilation,* ceux qui en ont jusqu'à ce jour étouffé la flamme et arrêté l'essor ne sont pas Arabes..... Le *Morning-Post* faisait, le 23 septembre 1857, une réflexion qui m'a frappé par sa justesse, et qui pourrait peut-être trouver son application ailleurs encore que sur les bords du Gange : « On dit, ainsi s'exprimait ce journal, qu'une longue résidence dans l'Inde, *tend à brahminiser l'esprit d'un anglais...* » — Les Français *arabisés* sont, en effet, les véritables ennemis de *l'Assimilation.*

VI

J'ai dit que pour la garantie *sine quâ non du succès,* il fallait que le maître *ne fût pas fonctionnaire, qu'il n'appartînt pas à l'État,* et j'ai ajouté, *qu'il devait être honoré d'un titre qui loin d'exciter les répugnances des*

Arabes, appelle au contraire leur confiance et leur respect.

Ce titre, on l'a déjà compris, *c'est celui de marabout. Le maître, en effet, doit être prêtre et Français.*

On ne manquera pas d'élever plusieurs objections, sinon contre le projet, au moins *contre l'homme nécessaire pour recoudre.* Je m'y attends, mais ces objections seront-elles sérieuses, rationnelles et surtout *désintéressées* de la part de tout le monde ? Je crois pouvoir d'avance répondre hardiment : non !

On dira : — Mais *pourquoi un prêtre ?* Est-ce que nous n'avons pas, dans l'administration militaire comme dans l'administration civile, des hommes aussi prudents, aussi honnêtes, aussi intelligents, en un mot aussi capables ? — C'est vrai, et je me plais à le reconnaître… Mais à qui la faute, si les indigènes subalternes s'éloignent avec une religieuse épouvante *de tout ce qui porte un képi ?* A qui la faute encore, si l'habit civil ne leur inspire qu'une très-médiocre confiance ? A qui la faute enfin, si au contraire, *ils accueillent avec bonheur le marabout français, s'ils le voient avec plaisir sous leurs tentes, s'ils écoutent avec avidité les paroles de sa bouche ?* Préjugé ! tant qu'on voudra, mais pourtant il existe *et avec une énergie que personne ne peut révoquer en doute.* Reconnaissons qu'il est un peu fondé. Cet aveu n'est pas agréable à faire, je le comprends, mais encore une fois, *la situation est telle*, et ce n'est pas nous qui l'avons faite : *pourquoi donc une administration intelligente refuserait-elle de l'utiliser au profit de son influence?*

Qu'on veuille bien saisir ma pensée. Certes, je ne fais un reproche ni à *tous* les civils ni aux militaires *de l'antipathie prononcée* que les Arabes éprouvent pour eux. En voici la raison : on sait que, pour l'indigène, tout civil est un *merkanti* (1) ; or, certains merkantis *les ont affreusement volés...* D'un autre côté, tout ce qui se coiffe d'un képi, pour les Arabes, *est militaire* ; or, les militaires *les ont souvent et rudement corrigés...* Le marabout français, au contraire, ne les a jamais, que je sache, pas plus battus qu'exploités ; l'indigène sait qu'il ne porte pas d'armes, qu'il ne fait pas de commerce, *mais qu'il est l'homme de Dieu et de la prière.* Il n'est donc pas étrange qu'il

---

(1) Marchand, négociant, commerçant en général.

préfère le marabout aux civils et aux militaires et qu'il ne l'enveloppe pas *dans l'aversion commune qu'il leur porte.*

On dira peut-être encore : — Mais ce prêtre peut, vivant au milieu des indigènes, mêlé à leurs travaux et à leur vie de chaque jour, acquérir une influence considérable, se créer des relations très-étendues, et devenir, par la suite, un embarras pour l'administration ? — Quant à acquérir de l'influence, j'y compte bien, car sans ce levier puissant, son œuvre *serait impossible et inféconde;* mais comment deviendrait-il une cause d'embarras pour l'administration, si elle et lui ne poursuivent qu'un seul et même but : *l'affermissement de la conquête par l'Assimilation*, la prospérité et la grandeur future de l'Algérie ? Le temps n'est plus, heureusement, où certains fonctionnaires à vue courte et au cœur étroit, osaient dire, plus encore par leurs actes que par leurs paroles :

Nul n'aura de l'esprit que nous et nos amis !

Après ce que j'ai vu *de mes propres yeux, après avoir vécu plusieurs années au milieu des Arabes du sud de notre colonie et en avoir passé douze en Algérie*, je n'hésite pas à déclarer qu'en employant à cette œuvre *de longue haleine*, un marabout français, *le succès est infaillible*, tandis qu'en se servant du ministère d'un fonctionnaire civil ou militaire, par les raisons que j'ai exposées, *le but ne sera jamais atteint*. On aura de pompeux rapports, ce qui n'est pas difficile, *mais des résultats parfaitement négatifs*.

En 1836, dit M. le colonel de Neveu, M. le général comte de la Rue, chargé d'une mission auprès de l'empereur du Maroc, était à Meknès..... et s'entretenait avec un des dignitaires de l'empire ; il lui parlait de la grandeur de la France, de ses ressources en hommes, chevaux, canons, vaisseaux, etc. Un *thaleb* (lettré) de l'empereur présent à cet entretien et qui avait écouté avec attention le plénipotentiaire français, répondit : « Vous feriez bien plus sur les Arabes avec des médecins et des marabouts qu'avec des canons et des fusils (1). »

M. le général d'Hautpoul, si mes souvenirs sont exacts, répondant un jour, du haut de la tribune française, à ceux qui lui adressaient le reproche de s'être servi des jésuites, alors qu'il

(1) *Les Khouan*, page 36.

était gouverneur général de l'Algérie, s'exprimait ainsi : « On me blâme d'avoir employé les jésuites ? Et pourquoi donc pas les jésuites, si les jésuites obéissaient à mes intentions et faisaient le bien ? Non-seulement, j'ai employé les jésuites, mais je me serais servi du diable même, s'il avait pu m'être utile à quelque chose de bon ! » — Or, sans crainte de se brûler les doigts, on peut s'entendre avec le clergé d'Afrique. Si donc vraiment, cette fois, on désire sans violence, introduire le progrès au milieu des indigènes, « les habituer à notre domination, les convaincre de notre supériorité, » développer chez eux « l'éducation et les sentiments de moralité qui élèvent la dignité humaine (1), » en un mot, *les fondre et les assimiler avec nous*, la sagesse la plus vulgaire conseille d'employer les prêtres, car l'Arabe « les respecte et les écoute, il fait plus encore, — *il les aime.* »

Cette assertion fera peut-être sourire quelques esprits incrédules... Je me contente de répondre que j'écris d'après mes propres convictions, convictions réfléchies, *appuyées sur l'expérience des faits dont j'ai été témoin et auxquels j'ai*

---

(1) Lettre de l'Empereur, page 10.

été mêlé : de tous ceux qui connaissent l'Algérie, *personne ne se lèvera pour m'infliger un démenti.*

Lorsque je dis que pour arriver sûrement au but que je propose, *il est nécessaire d'employer des prêtres,* je ne prétends pas qu'on doive se servir *de tous les prêtres d'Afrique indistinctement,* car ce serait bénévolement s'exposer à tout perdre ! Il s'en trouve même fort peu qui soient propres à une mission de cette nature, mission qui exige *des qualités exceptionnelles, des idées larges, un zèle calmé par la raison, une connaissance approfondie du caractère de l'indigène et un talent d'observation peu commun.* Ah ! les hommes sont rares partout !

S'il faut exprimer toute ma pensée, quelque intelligent, capable, habile et dévoué que soit le clergé séculier de l'Algérie, je crois qu'il peut, à la vérité, heureusement seconder cette œuvre, mais que ce n'est pas à lui à l'entreprendre : *elle dépasse trop ses ressources et ses moyens d'action.* Je ne vois guère qu'une communauté puissante qui puisse s'y attacher et la mener à bien, — les jésuites ou les lazaristes, par exemple. Les uns et les autres déjà solidement établis en Afrique, chargés de plusieurs orphelinats, et disposant d'un personnel nombreux, tant en prêtres qu'en frères servants, me paraissent réunir toutes les conditions désirables pour réussir. Dès le principe, *l'homme nécessaire leur* manquerait peut-être, mais une fois sortie des tâtonnements inséparables d'un début, entre leurs mains, l'œuvre marcherait et se développerait rapidement.

Une fois la tribu constituée, le maître saurait rapidement distinguer, parmi ses auxiliaires, ceux qui seraient capables de le seconder; et après avoir vécu avec lui, en contact journalier avec les Arabes, s'être initiés aux difficultés de la vie pastorale, appris à être patients pour réussir, *s'être formés la conscience sur des abus qu'il faut d'abord savoir souffrir avant de les transformer en vertus;* après avoir surtout appris *à aimer les indigènes et à le leur prouver par des faits,* — ils pourraient à leur tour, *à la tête d'un essaim sorti de la ruche-mère,* continuer et développer l'œuvre sur un autre point de l'Algérie.

Un autre avantage qu'on trouvera à se servir des prêtres, et qui est d'une importance majeure, c'est que si le maître succombe à la tâche, *sa pensée ne meurt point avec lui :* il n'était qu'un rouage périssable dans la machine : vient-il à disparaître? un autre le remplace et la machine continue son mouvement qui ne s'est point arrêté. C'est toujours sa pensée qui dirige son œuvre, *car un homme formé à son école et revêtu du même caractère lui succède*, et ainsi le grave inconvénient qui paralyse l'action civilisatrice des bureaux arabes et des smalas de spahis, est évité. Supposez, au lieu d'un prêtre appartenant à une communauté religieuse, *un fonctionnaire quelconque*: — un autre fonctionnaire, étranger à la tribu, prendra place ; avec le mort, ses idées, ses plans, ses projets, son esprit, l'uniformité de direction, tout s'en est allé, *et l'œuvre aussi s'en va par terre !*.. En outre, trouvera-t-on beaucoup de fonctionnaires qui, comme un prêtre, consentiront, par dévouement, à user lentement toute une existence à la poursuite d'un but qu'il faut dissimuler presque comme une faute, sans gloire aux yeux du monde, sans profit personnel, et surtout *sans avancement ?* — car le maître *doit mourir à son poste !*

VII

Il est inutile que je m'étende davantage. Tout ce que je pourrais y ajouter encore ne rendrait la question ni plus claire ni plus évidente. On comprend maintenant où je veux en venir, et à cette heure, il est facile à tout homme d'expérience de juger si les voies par lesquelles j'engage à marcher, peuvent ou non mener au succès. Pour moi, je le déclare de nouveau, un doute à ce sujet ne s'est pas même élevé dans mon esprit. Plus j'étudie, plus j'examine, plus je creuse cette immense question de *l'Assimilation* des deux peuples, plus je me confirme dans la pensée que j'ai essayé de rendre en écrivant ce simple et rapide exposé.

J'ai, sans doute, soit à dessein, soit par inadvertance, omis et oublié beaucoup de choses; il en est d'autres dont j'ai parlé et que *la pratique* obligerait peut-être à modifier en partie ou à délaisser tout-à-fait : l'expérience servirait de guide à cet égard.

Aurai-je le bonheur de faire partager mes convictions aux quelques hommes de tête et de cœur qui prendront la peine de me lire ? Ce serait si beau et si consolant pour moi, que je n'ose m'arrêter à cette espérance, — espérance que je poursuis, dans l'intérêt de la France et de l'Algérie, et qui m'échappe *depuis plus de dix ans !* — *Fiat voluntas Dei...* Ah ! si dans les hautes régions du pouvoir il se trouvait un homme sans préjugé, qui connût bien les Arabes, qui eût vécu intimement avec eux, comme j'ai été à même de le faire, et auquel ils se fussent confiés sans détours, parce qu'ils n'en avaient rien à craindre, il avouerait franchement que je n'ai rien exagéré et que je suis dans le vrai. Mais, où est-il, cet homme ? S'il existe, je ne le connais pas !

Si le projet, d'une exécution si facile et si simple, que je viens de mettre sous les yeux du lecteur, est goûté, adopté, suivi, — *et on peut le tenter sans aucun danger de perte, car le troupeau représenterait plus que la valeur des déboursés*, — tant mieux, pour la gloire de ceux qui auront aidé à le réaliser ! tant mieux, pour la grandeur de la France, *la pacification immuable* et la prospérité de l'Algérie !

Mais si, sacrifiant aux idées du temps et dominés par les préjugés de notre époque indifférente et matérialiste, nous persistons dans notre système de *tolérance*, — si nous maintenons *debout* l'obstacle qui se dresse entre nous et l'indigène, — si plutôt que de vouloir *l'absorber en nous*, nous nous attachons à le tenir à distance, — si nous exaltons le koran au lieu de chercher *à le faire oublier*, — qu'arrivera t-il ? Par respect pour les généreuses intentions qui nous animent, je n'ose dire tout ce que je prévois de malheureux... Avec notre façon d'agir, qui ne s'adresse qu'à l'intelligence et aux sens, nous laissons l'âme vide et le cœur desséché. Ce n'est pas uniquement par le bien-être et les séductions de profits matériels, qu'un peuple arrive à la civilisation : *l'homme ne vit pas seulement de pain !...* Les chrétiens des premiers siècles comprenaient autrement leur mission, aussi ont-ils eu la gloire de dompter et d'absorber par le christianisme, les barbares qui les avaient vaincus par la guerre. *La foi nous manque*, — et voilà pourquoi la plupart de nos tentatives en pays arabe se traînent misérablement ou avortent. La vanité ou un intérêt déguisé les enfante le plus souvent, la même vanité leur continue la vie, à moins que le budget, cette providence des œuvres malades, ne vienne paternellement s'en charger.

En suivant le projet récemment publié, nous ferons des indigènes, des avocats, des médecins, des soldats, des marins, des menuisiers, des charpentiers, des maçons, des mécaniciens, des artistes même, je le veux bien, et ainsi nous augmenterons le capital *matériel* de notre colonie en mettant à son service des bras jusque-là inhabiles et oisifs ; nous leur donnerons des habitudes nouvelles, des besoins plus multipliés, le goût d'une existence plus confortable, une manière de vivre plus en harmonie avec la nôtre, je l'admets, et ainsi nous ouvrirons à notre industrie des débouchés plus considérables en face de consommateurs plus nombreux ; c'est parfait. Mais dans ce résultat qui, envisagé au point purement commercial, est réellement très-beau, quel lot assignons-nous au cœur, et quelle sera la part de l'âme ? — Le koran !!!... Ainsi, pour moraliser le cœur, la religion du prophète, et pour satisfaction aux aspirations de l'âme, le paradis de Mahomet !

Avec de pareils éléments, on ne relève pas un peuple de l'ornière où il croupit, on le conduit tout droit à la décadence et à l'abrutissement. Mais, laissons cela. Je suppose, pour un instant, que le résultat industriel et commercial, dont je parlais tout-à-l'heure, soit obtenu ; combien aurons-nous mis de temps à le réaliser, car ce ne sera pas l'affaire d'un jour !... plus, peut-être, qu'il ne nous en aurait fallu pour faire les Arabes chrétiens, soumis *et véritablement Français*. Car je le demande, un indigène sera-t-il donc Français, comme nous tous, parce qu'il saura plus ou moins correctement parler notre langue, faire un pot au feu, se coiffer d'un chapeau et coucher dans un lit ? Il serait souverainement déplorable que nous eussions cette illusion, car ce serait la pire de toutes ! Du reste, ce qui se passe chaque jour sous nos yeux est bien propre à nous éclairer. Il suffit, en effet, de voir les Arabes qui *se civilisent*, pour se convaincre que nos conquêtes, en ce genre, ne sont pas brillantes ; en vérité, il n'y a pas là de quoi tenter les autres.

Et qu'on ne vienne pas prétendre, comme je l'ai vu naguère, que les races sémitiques ne sont pas faites pour le catholicisme, que les instincts de l'indigène ne se plieront jamais aux exigences de sa doctrine toute spirituelle!... Les cœurs étroits des jansénistes auraient-ils donc raison contre Jésus-Christ, qui, en mourant, avait les bras étendus pour embrasser *tous les hommes* dans le même salut et dans le même amour? La vérité ne saurait être circonscrite dans certains climats et les différences de races l'arrêter dans sa marche triomphale. Nous avons eu autrefois des chrétientés florissantes, même en Arabie, et la cathédrale d'Alger garde précieusement les cendres d'un pauvre indigène, mort dans cette ville martyr de sa foi au christianisme.

Ah! *si le courage nous venait enfin* d'attaquer franchement l'Arabe avec les seules armes et par les seuls moyens qui peuvent le captiver et le séduire; si, fidèles à nos antiques traditions (1), nous ne rougissions pas de les faire revivre, en appelant à notre aide l'évangile qui a civilisé le monde, — quelle différence dans les résultats!... Obéissant à l'impulsion de son action puissante et douce à la fois, car l'évangile *sait poursuivre sa fin avec vigueur en dispo-*

---

(1) *Des Arabes et de l'occupation restreinte*, page 54.

sant les choses sans violence (1), — on verrait s'aplanir insensiblement ces âpres montagnes de l'esprit indigène, sur lesquelles la semence que nous avons jetée jusqu'à présent, n'a pu que se dessécher et mourir ! se combler ces ravins désolés du cœur de l'Arabe où le soleil du progrès n'a jamais lui ! et l'on aurait alors sous les yeux un spectacle magnifique, récompense glorieuse du grand pouvoir qui l'aurait préparé : — le flot majestueux de la civilisation envahissant toutes ces intelligences rendues dociles ! Le croissant à jamais humilié dans la poussière ! La croix, sainte protectrice des arts, du commerce et de l'industrie, bénissant et consacrant d'une manière irrévocable notre belle conquête !... Plus de conquérants ni de vaincus, mais *des Français*, ayant pour protecteur et pour guide le chef suprême de la France ! la même pensée au cœur, la gloire d'une commune patrie ! le même maître au ciel, Dieu !

12 Décembre 1865.

(1) *Attingens a fine ad finem fortiter, disponens omnia suaviter* (Sagesse, ch. 8, v. 1).

UN ŒUF, UNE POULE, UN ARABE

Je me permettrai de raconter ici un fait tel que je l'écrivis dans le temps où il m'est arrivé, et qui donnera une idée de la manière dont on doit traiter avec les Arabes.

Il y a quelques mois un Arabe de la montagne fut amené dans ma maison par un Laghouati. Ce brave homme qui n'avait jamais vu la face d'un marabout des Roumis (chrétiens), et à qui on avait dit que je possédais une grande montre (pendule) qui frappe les heures, un tableau (mon portrait) en tout pareil à une personne vivante, des vases d'or et une boîte (un orgue) qui faisait de la musique, ce brave homme, dis-je, qui pour croire voulait voir, avait le plus vif désir de contempler de près toutes ces merveilles. Il vint donc, comme je l'ai dit, accompagné d'un naturel de Laghouat, et ils me trouvèrent déjeûnant.

D'abord absorbé tout entier par son admiration, le montagnard finit enfin par s'apercevoir que je ne buvais que *de l'eau.* Il en manifesta sa surprise à l'autre, qui lui répondit que j'agissais ainsi par religion... Enhardi et s'adressant alors directement à moi, il me demanda si je mangeais *du porc?* — Non, lui dis-je.

Je m'aperçus que ma manière de vivre, outre mon titre de marabout, m'avait déjà placé très-haut dans son estime.

Mais lorsque son camarade lui eut fait connaître que je n'avais point de femme, *parce qu'elles sont ennemies du bien,* que toutes mes journées étaient employées à lire ou à écrire, et qu'il eût vu ma bibliothèque qui se compose à peu près d'un millier de volumes, oh! alors, son enthousiasme pour moi ne connut plus de bornes ; je devins à ses yeux le plus savant, le plus sage, le plus grand, et ce qu'il faut noter, *le plus riche* des marabouts !

Pourtant, mon arabe n'était qu'à demi satisfait; à son air, on devinait qu'il désirait encore quelque chose..... Enfin, il m'adressa timidement la question suivante : — « Où vont les Français quand ils sont morts ? — Avec Dieu, s'ils ont eu l'intelligence, dans l'enfer si leur cœur a été mauvais. » Mon homme parut joyeusement étonné : — « Et les Arabes ? » ajouta-t-il ? — « Comme les Français : en paradis, s'ils ont marché dans la vérité, en enfer, si leur chemin n'a pas été droit. » — « Et les Juifs ? » fit-il insidieusement. — « Dieu le sait !... » répondis-je gravement et sans vouloir m'expliquer davantage, *pour ne pas me compromettre à ses yeux.* — La justice et la vérité sont avec toi, me dit l'Arabe d'un ton pénétré, et il se leva pour partir.

Ceci n'est pas du bavardage, je ne dis rien de trop, rien qui n'ait un sens et n'aille à mon but ; je le prouverai tout-à-l'heure. — Je continue.

En traversant la cour, mon Arabe vit des poules, et me dit : — « Tu as des poules….? — Oui, et toi ? — Et moi aussi. — Combien vends-tu tes œufs ? — Un sou la pièce. — Moi, je pourrais vendre les miens deux sous. »

Cette différence énorme de prix intrigua naturellement le montagnard. — « Et pourquoi, me demanda t-il, vendrais-tu tes œufs deux sous la pièce ? — Parce qu'ils sont bien plus gros que les tiens, et je lui montrai un œuf de poule d'Espagne superbe. Il convint qu'en effet ses poules ne lui en avaient jamais pondu de semblables. — « Et tes poules, ajoutai-je, en affectant la plus profonde indifférence, combien les vends-tu ? — Vingt-cinq sous, quelquefois trente sous, mais pas souvent. — Eh bien ! moi, je pourrais vendre les miennes trois francs... parce qu'elles sont beaucoup plus grosses que les tiennes. »

Il fut encore obligé de reconnaître que j'avais raison. « Voyons, lui dis-je, *tu me parais un homme d'intelligence et tu dois être considéré dans ta tribu*...; si tu le veux, je te donnerai une de ces poules, la bénédiction de Dieu la suivra dans ta tente, et *personne n'aura des œufs pareils aux tiens.* »

La méfiance de mon Arabe s'éveilla, je m'y attendais. Evidemment, pour lui, il n'y avait qu'une arrière-pensée d'intérêt qui pût ainsi me décider à lui faire ce cadeau, et alors arriva l'éternelle antienne que chante si bien tout indigène qui sent sa bourse en péril : « Ah ! sidi, je suis ton enfant, tu es mon père, mais, par sidi Abdallah, je n'ai pas un sou !, je suis pauvre, sidi marabout, et tel que tu me vois, je n'ai pas même mangé d'aujourd'hui !... —

Mais, je ne te demande pas d'argent. — Ah ! fit-il stupéfait... que veux-tu donc ? — Ecoute : tu as des poules que tu vends vingt-cinq sous, tandis que les miennes valent trois francs ; eh bien ! apporte-moi deux des tiennes, et je te donnerai à choisir une des miennes parmi toutes celles que tu vois. »

Le montagnard s'en alla sans me répondre : un trait de mœurs, — mais huit jours après il revint, seul, cette fois, m'apportant deux poules, emportant avec une joie contenue la mienne dans sa tente, *et croyant bien m'avoir attrapé.*

Voilà mon histoire.

Maintenant, récapitulons : Que de victoires en une seule ! Je n'avais pas ri une seule fois et je n'avais parlé que de choses sérieuses (1) ; mon *luxe* avait ébloui cet Arabe, ma bibliothèque l'avait surpris, ma gravité l'avait édifié, ma sagesse l'avait confondu..... Je ne buvais *que de l'eau,* et je ne mangeais *pas de porc !*

(1) On doit être constamment sérieux et grave avec les Arabes, et la première de toutes les conditions pour leur imposer, c'est de se posséder toujours et dans toutes les occasions. Les indigènes de haute naissance peuvent servir de modèles sur ce point dans leurs rapports avec les Arabes d'une classe inférieure. Quelle majesté dans l'ensemble de la tenue et la démarche, quelle sobriété de paroles et de gestes, quel calme et quelle dignité dans la conversation, quel regard vague et

Chose étrange, je n'avais pas *de femme!* Phénomène incroyable, je ne mettais pas *tous* les musulmans *en enfer*, et *tous* les chrétiens *en paradis*, mais je les pesais *tous* avec la même balance! Enfin, j'avais l'air de fort peu me soucier des juifs, *race immonde et maudite!* Je l'avais flatté à l'endroit le plus vif de son amour-propre en lui supposant gratuitement *un rang honorable dans sa tribu;* j'avais fait vibrer en lui la corde toujours si sensible de l'égoïsme chez l'indigène, sans quoi le marché que je lui proposais n'aurait probablement jamais été conclu ; tout en restant *dans le vrai*, j'avais parlé de manière *à ne froisser aucun de ses préjugés religieux;* de plus, *j'étais riche*, par conséquent, *chéri de Dieu!* Si je n'étais pas encore dans sa pensée *un grand saint*,

---

froid et pourtant à qui rien n'échappe! Nous sommes bien au-dessous d'eux sous ce rapport. Aussi, je ne saurais trop conseiller à mes jeunes confrères de l'Algérie d'éviter les fautes dans lesquelles je suis moi-même tombé tout d'abord. Pas de poignées de main distribuées à tort et à travers aux indigènes, à peine un léger simulacre ; pas de bruyants éclats de rire ; point de questions oiseuses ou indiscrètes, — toutes choses qui feraient considérer le marabout comme *un enfant*, un homme *de rien et sans éducation*. Mais la réserve la plus grande, une affabilité pleine de dignité, une parole lente et réfléchie, un maintien grave et recueilli sans être raide, une bonté affectueuse sans qu'elle ait pourtant rien des précipitations du zèle, voilà ce qui séduit l'Arabe, j'étais du moins en bon chemin de le devenir.

Ce n'est pas tout. Rentré chez lui, il n'aura pas manqué de raconter longuement et à l'orientale, la visite qu'il m'a faite ; il mentira peut-être un peu, c'est son affaire, mais tous ceux qui l'auront entendu, concevront une haute idée du marabout des chrétiens : *c'est ce que je veux.*

Voilà de beaux résultats obtenus à peu de frais, et qui tôt ou tard, porteront leurs fruits. En attendant, je ne dois pas oublier le plus immédiatement visible : le progrès, une idée qui s'en allait à la montagne, déguisée sous la forme d'une humble poule, cachée comme une chose volée par son nouveau maître, — *qui se gardera bien d'enseigner aux autres où il l'a prise.*

Voilà bien des riens, s'écriera peut-être un

---

ce qui le captive, ce qui élève le marabout des chrétiens dans sa pensée et qui le fait s'incliner jusqu'à la main du prêtre pour la baiser. — J'oubliais le tabac à fumer : *jamais les marabouts indigènes n'en font usage*, et même au désert, *on regarde comme une imperfection de priser.* Au reste, le clergé d'Afrique est extrêmement réservé sur ce point, et d'ailleurs l'illustre Évêque qui le dirige, ne tolérerait pas ce qui, chez un laïque, est au moins inutile, et chez un ecclésiastique, presque une inconvenance. En un mot, et pour résumer cette longue note : généralement partout un prêtre ne gagne rien *à être populaire*, mais avec les Arabes, *il compromettrait son ministère et sa personne.*

observateur qui se croit très-profond parce qu'il aura étudié les indigènes jusqu'à la moëlle — dans les livres, ou pris sa part d'une diffà sous la tente d'un kaïd ! D'accord, ce sont des riens, des niaiseries même, si on le veut, mais n'est-ce pas avec *des riens* qu'on séduit les enfants les plus rebelles ? Eh bien ! c'est avec *ces niaiseries* qu'on séduira les Arabes qui ne sont, eux aussi, que de grands enfants ; pour eux, et j'en appelle ici au témoignage de tous ceux qui les connaissent bien, pour eux la forme et l'extérieur *sont tout ;* peu leur importe *le fond*, ils n'y regardent pas, leur esprit, *incapable d'une application soutenue, n'y pénètre jamais*, seulement, qu'on se garde bien de montrer le bout de l'oreille, — *tout serait perdu !*

On l'a dit : les enfants sont de terribles observateurs, et je le répète, l'Arabe n'est qu'un enfant (1). Si donc il aperçoit une arrière-pensée dans la façon dont vous agissez à son égard, si, pour me servir d'un vieux mot qui rend bien ma pensée, il découvre que vous l'avez *truphé*, soit dans les rapports journaliers

---

(1) « L'Arabe, le musulman argumente peu, mais il observe beaucoup. » *(Histoire universelle de l'église catholique*, par l'abbé Rohrbacher, tome 25, livre 91, page 511.)

que vous avez avec lui, soit dans les conventions et les marchés consentis entre lui et vous, toutes les peines que vous prendrez pour le gagner et vous le rendre sympathique sont inutiles ; sa méfiance, une fois éveillée ne s'endormira plus, et vous aurez beau faire ensuite, dans tous les avantages que vous pourrez lui offrir, il ne verra toujours qu'un nouveau moyen de le tromper.

Chose triste à dire, n'est-ce pas là en effet ce qui, jusqu'à présent, n'a eu lieu que trop souvent en Algérie? L'indigène n'a-t-il pas été *truphé* de toutes les manières ? Où est le marchand honnête qui se fasse un scrupule de le voler en affaires ?... L'Arabe s'efforce bien de le lui rendre, je le sais et ne l'excuse pas ; mais ce qui, chez l'un est le vice d'un sens moral faussé par une éducation pervertie, est, chez l'autre, un vice d'honneur dépravé par les raisonnements savants d'une conscience sans foi. Il faut d'autres hommes que ceux-là pour nous rallier les vaincus et semer dans leurs cœurs, avec la civilisation, le germe des vertus qui leur manquent.

LES TOUAREG [1]

SOMMAIRE

Commencements de nos relations avec les Touâreg. — Centres commerciaux du désert. — Obstacles qui s'élevaient entre les Touâreg et nous. — Traité avec les Touâreg. — Origine des Berbères et ce qu'était autrefois ce peuple auquel appartiennent les Touâreg. — La croix latine chez les Touâreg ; traditions chrétiennes restées chez eux, chez les Kabyles et chez les Berbères du M'zab ou Mozabites. — Armes des Touâreg, ce qu'on sait de leur gouvernement et de leurs mœurs. — La femme chez les Touâreg. — Conservation de l'écriture touâreg par les femmes. — Coutume singulière, faisant loi chez les Touâreg, pour les successions : rapprochement singulier. — Pourquoi les Touâreg se voilent-ils le visage ? Légende qui l'explique. — Espérances légitimes que fait concevoir, pour l'avenir commercial de l'Algérie et pour le christianisme, le traité conclu avec les Touâreg.

I

Au mois de mai 1863, pendant que les Touâreg étaient à Paris, presque tous les jour-

[1] Ce travail, sauf quelques modifications dues à nos propres ren-

naux ont publié des articles sur ces personnages, et nous le disons avec regret, nous n'y avons lu que de très-rares vérités mêlées à de nombreuses erreurs. Il ne pouvait guère en être autrement, car les données, même les plus élémentaires, manquaient aux auteurs de ces articles ; mais ce qui ne se conçoit pas, c'est que de tous ceux qui ont parlé en termes magnifiques des riches espérances que faisait concevoir, pour l'avenir commercial de notre colonie, la pensée d'un arrangement avec les Touâreg, aucun n'a songé à nous désigner la main intelligente qui a commencé et conduit à bonne fin cette importante négociation. Guidé par le seul amour du droit et de la justice, c'est là une lacune regrettable que nous allons nous efforcer de combler. Nous aimons à nous persuader qu'on lira avec intérêt les quelques renseignements que nous sommes parvenu à nous procurer sur les commencements de nos rapports avec les Touâreg, et le peu que nous savons sur le peuple singulier qui règne en maître sur le grand Sahara.

seignements et au savant ouvrage que M. Henri Duveyrier a publié depuis sur les Touâreg, a déjà paru dans la *Revue de l'Orient*, numéros de novembre — décembre 1862.

L'époque à laquelle remontent nos premières relations avec les Touàreg est déjà assez éloigné de nous. Il faut, en effet, retourner en arrière jusqu'au temps où M. le maréchal Randon, à cette heure ministre de la guerre, était gouverneur général de l'Algérie, pour en retrouver l'origine.

A peine investi de ces hautes et difficiles fonctions, une des pensées qui préoccupa le plus vivement cet administrateur habile fut de chercher par quels moyens on pouvait rétablir les relations commerciales qui existaient autrefois entre le Soudan et l'Afrique septentrionale. Tous les ans de nombreuses caravanes chargées des produits de l'Afrique centrale, au lieu de se diriger vers nos parages et d'échanger avec nos marchands leurs richesses, prennent leur route du côté du Maroc, de Tunis et de Tripoli. C'est là une perte sérieuse pour notre commerce quand on songe que l'indigo, la poudre d'or (1), l'ivoire et les plumes d'autruche sont exportées en quantités considérables par ces caravanes,

---

(1) Chaque caravane allant d'In-Sàlah à Ghadâmès, à destination de l'Europe, compte, m'a-t-on dit, dans sa cargaison, deux, trois, quatre et même quelquefois cinq charges d'or. La charge étant de 150 kilos, en supposant une moyenne de deux convois par an et

sans qu'il soit possible à nos négociants d'en profiter pour écouler leurs produits manufacturés de France. Lorsqu'on sait, d'une part, que la préparation des plumes d'autruche occupe, seulement à Paris, *plusieurs milliers d'ouvriers* (2), et de l'autre, que l'Afrique centrale est peuplée d'au moins soixante millions d'habitants, combien n'a-t-on pas lieu de regretter qu'un aussi magnifique marché ne soit pas ouvert à notre industrie !

Un fait aussi important ne pouvait manquer d'appeler l'attention de l'illustre maréchal qui travaillait, à cette époque, avec une intelligence et un dévouement que personne ne contestera, à établir les bases de la prospérité future de l'Algérie. Armé de cette profondeur de vue qui préside

---

de trois charges par convois, In-Sâlah opérerait annuellement sur une moyenne de 900 à 1,000 kilogrammes d'or, qui, au cours actuel de Paris, (août 1863), représenterait une somme de 3,265,100 francs (*Les Touâreg du Nord*, exploration du Sahara, I), par M. Henri Duveyrier, page 360. Paris, chez Challamel aîné, éditeur.

(2) Lettre de M. Chagot aîné, négociant, membre de la commission des valeurs, au ministère du commerce, à M. le professeur Aug. Duméril, secrétaire des séances de la Société impériale zoologique d'acclimatation, Paris, 6 février 1858, au sujet d'un prix de 2,000 francs fondé par ledit M. Chagot, pour *domestication de l'autruche soit en France, soit en Algérie, soit au Sénégal*, publié par le *Moniteur de la colonisation* du 3 mars 1858.

aux actes dus à son initiative immédiate, M. le gouverneur se mit courageusement à l'œuvre, et chose étrange, presque incroyable pour qui connaît les énormes difficultés qu'il avait à vaincre, après sept années d'attente, nous l'avons vu toucher à son but! Dieu veuille que ce brillant succès ne soit pas éphémère et qu'il couronne enfin tant de constance par de féconds résultats! Cette prière doit être le cri de tous les Français, de tous les cœurs chrétiens aussi, car c'est là un événement d'une importance capitale et dont les conséquences peuvent être immenses, non-seulement pour la prospérité matérielle de notre colonie, mais encore pour le christianisme, père et créateur de toute vraie civilisation.

II

Dans la région habitée ou parcourue par les Touâreg, on compte cinq centres commerciaux importants, avec lesquels ils sont en relations journalières : Ghadâmès, Rhât, Mourzouk, Ouarglâ, In-Salâh et le Touât.

« Ghadâmès, ainsi s'exprime M. Henri Duveyrier à l'ouvrage duquel nous empruntons ces détails, est une ville fort ancienne : la tradition et l'histoire l'affirment ; les ruines de différentes époques et de différentes civilisations trouvées dans son enceinte confirment, en les complétant, les renseignements que nous ont transmis à ce sujet les auteurs grecs et latins.

D'après les habitants de Ghadâmès, l'origine de leur ville remonte au temps d'Abraham.

L'égypte était en pleine prospérité à l'époque des patriarches bibliques et Ghadâmès a conservé jusqu'à nos jours un bas-relief que j'y ai découvert et qui ressemble trop aux productions si caractérisées des anciens Égyptiens pour qu'on puisse lui assigner une autre origine. Ce fragment, ainsi que d'autres objets que l'on met à nu, de temps à autre, en creusant les fondations de nouvelles maisons, semble être la preuve qu'il florissait là, dès la plus haute antiquité, une civilisation sœur de celle des rives du Nil, quoique moins avancée et moins parfaite.....

Le général arabe Amrou-Ben-el-'Açi, qui fit la conquête du sud de la Tripolitaine sur les

Romains, obligea, dit la tradition, les habitants de Ghadâmès à embrasser l'islamisme, et cette conversion forcée ne paraît pas s'être réalisée sans difficulté, car il y a encore aujourd'hui dans la ville une rue, celle d'El-Wahchi, appelée aussi la *rue du Non*, c'est-à-dire *de ceux qui refusèrent d'accepter tout d'abord la religion de Mohammed*.

Avant la conquête musulmane, quelle religion professaient les Ghadâmésiens : païenne ou chrétienne ? On n'a malheureusement aucun renseignement précis sur la population de Ghadâmès dans ces temps reculés (1).

Cette ville renferme environ 7,000 habitants à demeure fixe ; quant à la population flottante, elle varie avec les départs et les arrivées des caravanes.

Le caractère des Ghadâmésiens est grave et réservé..... Leur aptitude au grand commerce est surtout digne de remarque. Il n'est pas rare de trouver à Ghadâmès des maisons ayant des succursales à Kanô, à Katsena dans le Soudan,

---

(1) Si M. Henri Duveyrier avait pu explorer l'immense nécropole de Ghadâmès dont il parle à la page 254 de son ouvrage, — dans laquelle on remarque des tombes *de tous les âges*, depuis l'époque païenne anté-islamique, jusqu'à nos jours, — peut-être aurait-il trouvé là une réponse à cette question intéressante.

à Timbouktou sur le Niger, à Rhât et à In-Sâlah dans le centre du Sahara, à Tripoli et à Tunis sur le littoral de la Méditerranée.

En voyant, au milieu d'un désert, dans une ville sans gouvernement sérieux, sans autres lois que celle du Coran, sans garanties pour les personnes et pour les marchandises, sans routes autres que des sentiers dont la trace, comme celle du sillage d'un navire, se perd à l'instant du passage ; en voyant, dans de semblables conditions, des maisons de commerce embrasser des marchés si nombreux et si différents, et à des distances aussi considérables, on se demande si le mirage saharien ne grossit pas un peu trop les objets et ne multiplie pas les relations. Cependant le doute ne peut être permis, car le contrôle le plus sévère démontre que le commerce du littoral méditerranéen avec l'Afrique centrale et les villes intermédiaires, sauf la portion dévolue au Maroc, est en presque totalité aux mains des Ghadâmésiens ou de leurs correspondants.

La priorité et la fidélité des relations, le génie commercial, de grandes richesses acquises et multipliées par la plus sévère économie, une prudence consommée, des alliances solides avec les Touâreg, ne suffisent pas pour expliquer comment une bourgade, isolée de l'univers par la solitude des déserts, a pu perpétuer, à travers tant de siècles et au milieu de tant de révolutions, des entreprises aussi considérables ; il a fallu encore que le besoin de rapports entre le Nord et le Sud fût une nécessité impérieuse, et que le commerce, objet de ces rapports, fût lucratif, respecté et non soumis aux avanies et aux risques de perte qui ont valu aux pirates du Sahara la réputation dont ils jouissent parmi nous.

Je n'anticiperai pas, ajoute M. Henri Duveyrier, pour démontrer qu'il en est ainsi..... Cependant je crois utile de prouver immédiatement, par des faits authentiques, que les bénéfices du commerce saharien sont énormes, et que les risques sont à peu près nuls, si le commerçant se soumet aux coutumes respectées du pays.

Peu de temps après mon arrivée à Ghadâmès, je reçus la visite d'un marchand qui, à Kanô, avait prêté à M. le docteur Barth, lors de son retour de Timbouktou, de l'argent au taux fabuleux de 100 pour % pour quatre mois. L'ayant dérisoirement complimenté sur sa libéralité, il me répondit : « Mais, je ne lui ai demandé que ce que m'eût rapporté, dans le même laps de temps, pareille somme employée en achat d'ivoire et sans courir l'ombre de chance de perte. »

Mais voici d'autres faits qui éclairent encore mieux la question :

M. le capitaine de Bonnemain, dans le compte-rendu de son voyage à Ghadâmès en 1856, dit : « La plupart des caravanes qui arrivent à R'ourd-Tafriest (environ moitié chemin entre El-Ouâd et Ghadâmès) ont l'habitude d'y déposer, à ciel ouvert, une partie des provisions qui doivent leur servir pour le retour ; il n'y a pas à craindre que d'autres voyageurs songent à s'en emparer. »

Sur la même ligne, continue M. Henri Duveyrier, mais par un chemin différent, en 1860, j'ai aussi trouvé des marchandises ainsi confiées à la garde de Dieu.

M. Ismayl-Bou-Derba (1), entre Ouarglà et Rhat, a, comme M. de Bonnemain, déposé et

---

(1) Fils du maure Ahmed-Bou-Derbah qui offrit, le 4 juillet 1830, au maréchal de Bourmont, de lui apporter « dans un plat » la tête du dey d'Alger, et que nous avons particulièrement connu à Laghouat (*Hist. de la conquête d'Alger*, par M. Alfred Nettement, page 426).

retrouvé des provisions de retour à mi-chemin ; comme moi, il a remarqué en route des ballots abandonnés par d'autres caravanes.

Sur les routes de Mourzouk et de Rhât au Soudan, tous les voyageurs européens ont rencontré sur leur passage des charges de marchandises attendant le retour de leur propriétaire pour être rendues à destination.....

Je ne cite pas ces faits pour en tirer la conclusion que toutes les routes sahariennes offrent plus de sécurité que les routes européennes. Non. Il y a dans le Sahara des routes protégées par des populations auxquelles les caravanes paient un faible droit de passage pour prix de leurs services. Ces routes, généralement suivies par les caravanes, offrent les exemples de sécurité que je viens de rapporter. D'autres, celles qui traversent des territoires en proie à l'anarchie, ne sont plus dans les mêmes conditions ; les caravanes fortes et armées, seules, peuvent les parcourir, comme les navires pourvus de moyens de défense peuvent, seuls, fréquenter certaines mers (1).

Nous nous sommes un peu étendu sur Gha-

(1) *Les Touâreg du Nord* (exploration du Sahara, I), par M. Henri Duveyrier, pages 249-260.

dâmès, mais à cause de l'intérêt tout particulier que cette ville offre au lecteur, du rôle important qu'elle joue dans le commerce central de l'Afrique et de celui beaucoup plus considérable encore que lui réserve peut-être l'avenir, on voudra bien nous pardonner cette longue citation.

Après Ghadâmès, vient Rhât. Cette dernière ville, toujours d'après M. Henri Duveyrier, est indépendante des Touâreg, quoiqu'elle soit assise au milieu de leurs campements et quoiqu'elle relève de leur protectorat.

D'après la tradition locale, la fondation de Rhât daterait de quatre ou cinq siècles au plus, ce qui explique le silence des auteurs arabes du moyen âge à son sujet.

Rhât est loin d'avoir comme ville l'importance qu'elle a comme marché, car elle compte à peine 4,000 habitants, mais elle s'agrandit tous les jours par la création de villages voisins, qui, par leur accroissement successif, pourront devenir de nouveaux quartiers de la ville primitive. Rhât, Tâderâmt, Toûnin, marquent trois côtés d'un vaste espace sur lequel se tient le grand marché annuel, source de la fortune de cette contrée.

La ville a une forme circulaire. Au centre se trouve une petite place nommée *Eseli*, de laquelle rayonnent six rues qui divisent la cité en six massifs de maisons et vont aboutir à six portes ouvertes dans le mur irrégulier qui sert d'enceinte (1). Le fanatisme de ses habitants a empêché M. Henri Duveyrier d'y pénétrer.

Mourzouk est la capitale du Fezzan, groupe d'oasis au sud de la Tripolitaine. Elle fut fondée par les Oulad-Mehammed, il y a environ cinq cents ans, vers 1310.

La ville est coupée en deux par une sorte de large boulevard, le *dendal*, garni de boutiques de chaque côté et aboutissant par ses deux extrémités aux deux portes principales. Au *dendal* arrivent toutes les rues latérales, qui divisent la ville en quartiers. Contrairement à ce qu'on observe dans les villes arabes et berbères, les rues sont larges, droites et découvertes, comme dans les villes nègres, aussi la chaleur y est-elle accablante. La salubrité locale laisse à désirer, surtout pour les individus originaires des climats tempérés.

L'infortuné Vogel, qui séjourna à Mourzouk,

---

(1) *Les Touâreg du Nord*, tome premier, pages 266-271.

du 5 août au 19 octobre 1853, donne à cette ville un chiffre de 2,800 habitants, et au Fezzan, une population de 54,000 âmes (1).

Ouarglâ est bien certainement l'une des villes les plus anciennes du Sahara algérien, sans qu'il soit possible d'assigner à son origine une date certaine.

Le commerce d'Ouarglâ, qui s'opérait par la route directe de la Sebkha d'Amadghôr, s'est détourné sur Rhât et sur El-Ouâd ; Ghadâmès a tout absorbé, même le commerce qui s'opère par les routes aboutissant à In-Sâlah.

M. Henri Duveyrier se demande si, avec le rétablissement de l'ordre au sud de nos possessions, Ouarglâ peut recouvrer son ancienne splendeur ? Il ne le pense pas. Ses habitants au nombre de 5,000, mais formant trois groupes d'origines différentes, par suite de leurs prétentions réciproques, ne sont jamais d'accord. Tout y est en ruine : habitations, habitants, moral même. On peut dire qu'aujourd'hui Ouarglâ est une ville morte, et nul ne la ressuscitera, je le crains, ajoute M. Henri Duveyrier : cependant la belle ceinture de 60,000

---

(1) *Les Touâreg du Nord*, tome premier, pages 275-282.

palmiers qui l'environne, ses eaux artésiennes, sa situation à l'embranchement d'une route sur Timbouctou par In-Sàlah, et sur le Soudan par les mines de sel d'Amadghôr, les nombreux Cha'Anba avec leurs chameaux qui peuplent sa banlieue, lui donnent une grande valeur comme station de caravanes, entre le plateau rocheux des Beni-Mezab et la zône des dunes qui la séparent des montagnes des Touâreg (1).

Cinq groupes d'oasis constituent l'archipel auquel on donne le nom collectif de Touât, forme berbère du mot *oasis*. Le Tidikelt est le plus méridional de ces groupes, et In-Sàlah en est le chef-lieu. En même temps cette ville est le principal centre du commerce de la contrée, dans ses rapports avec l'Afrique centrale, l'Algérie, la Tunisie et la Tripolitaine.

Le Touât est une confédération indépendante de trois cents à quatre cents petites villes ou villages, à quelques journées de marche au sud de nos possessions, et qui embrasse, du nord au sud, une longueur de 300 kilomètres et, de l'est à l'ouest, une largeur de 160 kilomètres, entre les méridiens d'Alger et d'Oràn, sur la

---

(1) *Les Touâreg du Nord*, pages 284-290.

route directe de l'Algérie au Niger moyen. Par sa situation, cette confédération se trouve dans le rayon naturel d'attraction de notre colonie.

Trois races distinctes peuplent le Touât : les Noirs, les Berbères et les Arabes, mais les Noirs sont les plus nombreux et les plus anciens habitants du pays.

In-Sâlah est, à vol d'oiseau, à peu près à une égale distance de Timbouktou, de Mogador, de Tanger, d'Alger et de Tripoli. Par sa position centrale, cette ville devait devenir et est devenue un centre commercial important, l'une des clefs du commerce du nord avec Timbouktou.

In-Sâlah est une des villes les moins anciennes du Touât, car aucun document ne la mentionne avant le XVe siècle et ses habitants ne font remonter sa fondation qu'à deux cents ans. Néanmoins elle est aujourd'hui l'une des plus grandes, des plus peuplées et incontestablement la plus riche. Il faut, toutefois, s'entendre sur ce qu'on est convenu d'appeler la ville d'In-Sâlah.

In-Sâlah est un nom collectif donné à quatre ksour ou centres d'habitations qui se touchent et sont échelonnés à l'orient l'un de l'autre. La portion la plus active de la population de cette ville est arabe : quelques étrangers, particulièrement des Ghadâmésiens, y ont des établissements, plusieurs des chefs Touâreg y tiennent en dépôt tout ce qu'ils possèdent. En cela, In-Sâlah, quoique centre d'un grand commerce, conserve le rôle dévolu à tout ksar, celui de servir de lieu de dépôt à la partie de la fortune des nomades qu'ils n'emportent pas avec eux dans leurs pérégrinations. Une municipalité ou djema'a gouverne la ville.

Ce qui assure la prospérité d'In-Sâlah est la solidarité d'intérêts qui existe entre les commerçants de cette ville, d'un côté, avec les marabouts de Timbouktou, de l'autre, avec les chefs des Touâreg-Ahaggâr. Sur le Niger, les marabouts appuient de leur toute-puissance les commerçants du Touât, et les commerçants d'In-Sâlah font respecter et entretiennent au Touât les trois zâouya des marabouts El-Bakkây de Timbouktou.

La même solidarité existe entre les Touâreg-Ahaggâr et les commerçants d'In-Sâlah. Cette ville est aux Touâreg-Ahaggâr ce que Rhât et Ghadâmès sont aux Touâreg-Azdjer, c'est-à-dire un marché sur lequel ils peuvent, à peu près sans bourse délier, s'approvisionner de tout ce qui leur manque dans leurs montagnes. Sans les coutumes, les présents, les victuailles que les gens d'In-Sâlah donnent aux Ahaggâr, ces derniers seraient souvent exposés à mourir de faim ; sans la protection que les Ahaggâr donnent aux caravanes d'In-Sâlah sur les routes, le commerce qui fait la richesse de la ville ne serait pas possible (1).

III

Qu'est-ce donc que les Touâreg, dont beaucoup d'entre nous ont vu, pour la première fois, le nom mêlé aux grandes choses que M. le maréchal Randon a essayé de créer en Algérie ?

Les tribus touâreg, dont l'ensemble forme une population d'environ 200,000 âmes, campent dans l'espace compris entre le 0 et le 15ᵉ degré de latitude septentrionale de l'Afrique. Peuple nomade et d'humeur essentiellement guerrière, sa position géographique le rend

---

(1) *Les Touâreg du Nord,* pages 290-294.

complétement maître des routes par lesquelles, venant du nord, les caravanes pénètrent dans le centre de l'Afrique ou en reviennent, et, on le devine sans peine, il en profite. Aussi, lors même qu'il ne les dévalise pas entièrement, les droits de passage et d'escorte qu'il impose aux marchands forment-ils le plus clair et le plus précieux de ses revenus (1).

Ces hommes sont aussi braves que redoutés. Nous n'en citerons ici qu'une preuve, c'est la sollicitude et les égards empressés des commerçants de Ghadâmès pour les Touâreg, grands et petits.

« Que chaque maison de commerce pourvoie aux besoins de la famille de son protecteur particulier et prévienne même ses désirs, dit un voyageur célèbre : rien de plus naturel que la réciprocité des services rendus. Mais là ne se bornent pas les bons offices des citadins envers les nomades. Un chef târgui (2) tombe-t-il dans la misère, la corporation des marchands

---

(1) Certains voyageurs prétendent que le mot *Touâreg* signifie *voleur de nuit*, surnom que les Arabes, qui les redoutent singulièrement, leur auraient donné. Les nègres, qui les fuyaient avec une horreur mêlée d'épouvante, quand ils se rendaient à Alger, au commencement de 1856, les appellent *les voilés*, mot qui n'est que la traduction de l'Arabe *Ahel-el-Lithâm*, les gens du voile.

(2) Singulier de Touâreg.

l'invite à venir habiter la ville, l'entretient et le nourrit. L'un des Touâreg, homme libre ou serf, vient-il en ville pour ses affaires, le repas de l'hospitalité lui est donné pendant toute la durée de son séjour. Des mendiants se permettent-ils d'enfoncer les portes d'une maison qui ne s'ouvrent pas assez vite, on s'excuse de n'avoir pas deviné qu'ils étaient Touâreg. Par extraordinaire, des Touâreg ont-ils quelques démêlés avec l'autorité turque, aussitôt les notables habitants interviennent pour éviter tout conflit en prenant à leur charge la responsabilité des fautes commises, et l'autorité s'associe à la prudence des habitants... (1). »

Comment amener les Touâreg, qui n'ont jamais subi le joug de personne, à laisser librement circuler nos voyageurs, négociants ou autres, et de plus, à les protéger au besoin ? C'était là une entreprise d'une difficulté extrême, et pourtant il fallait à tout prix la conduire à bien sous peine de voir échouer, dès le début, toutes les tentatives de succès les mieux combinées. Aurait-on pour cela recours à la voie des armes ? Mais ici encore se dressait

---

(1) *Les Touâreg du Nord*, page 266.

devant nous un obstacle aussi effrayant que terrible ! Comment atteindre un ennemi que ses rapides *méharis* (1) rend insaisissable, défendu à la fois par son ciel de feu, l'aridité de son territoire et les espaces sans limites du grand Sahara ? On ne lutte pas contre l'impossible ; toutes les troupes de l'Algérie y eussent passé sans résultat. Aussi M. le maréchal Randon n'y avait-il jamais songé.

Les Touâreg étant inabordables par la force, il ne restait plus, pour les réduire, que la voie, — lente il est vrai, mais beaucoup plus sûre des négociations : — c'était aussi celle que M. le gouverneur avait choisie tout d'abord. Mais de cette façon encore, la difficulté n'était que déplacée et non vaincue, un autre obstacle surgissait : comment, en effet, arriver à nous aboucher avec ces hommes ombrageux, prévenus, fanatiques, indépendants jusqu'à la sauvagerie, et à qui notre nom n'était parvenu qu'entouré des malédictions et des calomnies (2), grossies de toute la haine des

---

(1) Dromadaires de la plus haute taille et coureurs intrépides.

(2) Les quatre Touâreg venus à Alger, en 1856, avaient eu l'esprit tellement troublé par les calomnies des Arabes qu'ils allaient même jusqu'à redouter *qu'on ne les mangeât*. (*Presse algérienne* de septembre 1857, numéro spécimen.)

Arabes écrasés par nos armes? Certes, il y avait là de quoi décourager la volonté la plus persévérante et la plus énergique ; mais M. le maréchal Randon n'est pas de ceux que les difficultés rebutent. Intelligemment secondé dans cette tâche délicate par M. Marguerite, alors commandant supérieur du cercle de Laghouat, et par Si Hamza, Arabe influent du cercle de Géryville, M. le gouverneur, après bien des tentatives infructueuses, réussit enfin à voir, *à Alger même* (1), événement qui frappa de stupeur toute la population indigène, quatre chefs touâreg importants. C'était au mois de janvier 1856.

Le plus difficile était fait. Accueillis avec la plus extrême bienveillance par M. le maréchal, parfaitement traités durant les quelques jours

---

(1) En vérité, on ne peut s'empêcher de sourire lorsqu'on lit dans un feuilleton du *Siècle* du 11 juin dernier, outre les monstrueuses inexactitudes dont cet article fourmille, que *les Touâreg viennent dans le Tell échanger leurs laines et leurs plumes d'autruche contre du froment*. On devrait au moins avoir la modestie de ne pas traiter de sujet dont on ignore le premier mot, *car jamais, au grand jamais, les Touâreg ne viennent dans le Tell faire commerce de laines*, par la raison toute simple que leurs moutons *n'ont pas de laine* ; que, bien loin de pousser leurs excursions *jusqu'à Alger*, avant le mois de décembre 1855, *on n'en avait même jamais vu à Laghouat, ville située à cent cinquante lieues dans le sud de nos possessions.*

qu'ils passèrent à Alger, ces hommes qui ne nous connaissaient que par les rapports mensongers des Arabes, virent s'évanouir la plupart de leurs préjugés contre nous, et depuis, grâces sans doute aux bonnes impressions que les premiers ont emportées, d'autres Touâreg n'ont pas craint de s'aventurer de nouveau dans la capitale de notre colonie, et de se laisser conduire jusque dans la capitale de la France et dans le palais de l'Empereur.

Ainsi, ce magnifique succès impossible par la force des armes, regardé si longtemps comme chimérique par les esprits même les mieux disposés à y applaudir, — presque sans sacrifices, avec une dignité, une prudence, un tact, une adresse et une constance qui l'honorent, autant qu'ils relèvent aux yeux des Arabes notre pays, M. le maréchal Randon l'a obtenu. — Les Touâreg sont devenus non pas nos tributaires, mais ce qui est beaucoup plus sûr, nos amis.

Voici les articles du traité d'amitié et d'échanges mutuels de bons offices, signé à Ghadâmès, le 26 novembre 1863, entre les Touâreg et M. le lieutenant-colonel Mircher, que M. le maréchal duc de Malakoff leur avait dépêché, au nom de l'Empereur (1).

« ARTICLE 1ᵉʳ. — Il y aura amitié et échange mutuel de bons offices entre les autorités françaises et indigènes de l'Algérie, ou leurs représentants, et les chefs des différentes fractions de la nation Touâreg.

» ART. 2. — Les Touâreg pourront venir commercer librement des différentes denrées et produits du Soudan et de leur pays, sur tous les marchés de l'Algérie, sans autre condition que d'acquitter, sur ces marchés, les droits de vente que paient les produits semblables du territoire français.

» ART. 3. — Les Touâreg s'engagent à faciliter et à protéger, à travers leur pays, et jusqu'au Soudan, le passage, tant à l'aller qu'au retour, des négociants français ou indigènes algériens et de leurs marchandises, sous la seule charge, par ces négociants, d'acquitter, entre les mains des chefs politiques, les droits dits coutumiers, ceux de location de chameaux et autres, conformément au tarif ci-annexé, et lequel recevra de part et d'autre toute la pu-

---

(1) Nous avons pris ce traité dans *le commerce de la France avec le Soudan*, par M. Henri Stucklé, page 25. (Paris, Challamel aîné, éditeur.)

blicité nécessaire pour prévenir les contestations.

» Art. 4. — Le gouvernement général de l'Algérie s'en remet à la loyauté, à la bonne foi et à l'expérience des chefs touâreg, pour la détermination des routes commerciales, les plus avantageuses à ouvrir au commerce français vers le Soudan ; et, comme témoignage de son bon vouloir, envers la nation touâreg, il fera volontiers, lorsque ces routes seront bien fixées, les frais de leur amélioration matérielle au profit de tous, soit par des travaux d'art, soit par l'établissement de nouveaux puits ou la remise en bonnes conditions de ceux qui existaient antérieurement. »

Articles additionnels

« 1° Conformément aux anciennes traditions, qui règlent les relations commerciales entre les états du nord de l'Afrique et les différentes fractions des Touâreg, la famille du cheikh El-Hadj-Ikhenoukhen restera chargée du soin d'assurer aux caravanes de l'Algérie, une entière sécurité à travers tout le pays des Azgueurs.

» Toutefois, les usages particuliers de garantie commerciale, existant actuellement entre d'autres familles des Azgueurs et différentes fractions de Chambâa et du Souf, restent maintenues.

» 2° En raison de ces garanties de sécurité, il sera payé, par les caravanes françaises ou algériennes allant au Soudan, au cheikh Ikhenoukhen ou à ses mandataires ou enfin aux héritiers de son pouvoir politique, un droit qui sera réglé ultérieurement entre S. E. M. le maréchal gouverneur-général et le cheikh.

» 3° Les contestations, qui pourraient surgir entre les négociants et les convoyeurs touâreg, seront réglées à l'amiable et avec équité par le cheikh ou par son représentant, d'après les traditions en vigueur dans le pays.

» 4° Le cheikh Ikhenoukhen et les autres chefs politiques du pays des Azgueurs, s'engagent à mettre à profit, dès leur retour à Rhât, leurs bonnes relations avec les chefs de la tribu des Kelloui, pour préparer aux négociants français ou algériens, le meilleur accueil de la part de cette tribu, afin que les caravanes traversent également, en toute sécurité, le pays d'Aïr. »

IV

Si, comme tout le fait désormais espérer, une fois le calme parfait rétabli dans le sud de notre colonie, des caravanes parties d'Alger ou de quelqu'autre point de notre territoire, pour le centre de l'Afrique, reviennent heureusement de cette course périlleuse et lointaine; si nos négociants, énergiquement protégés par les Touâreg contre les coupeurs de routes et les pirates qui sillonnent le désert, parviennent à échanger avantageusement leurs marchandises contre les produits de l'Afrique centrale, d'autres caravanes, tentées par la certitude d'un débouché facile et de bénéfices considérables (1), ne tarderont pas à reprendre la route suivie par les premières, et alors une fois le courant rétabli, il ne s'arrêtera plus. Le commerce de l'Algérie en profitera sans doute,

---

(1) Il est accepté par tous les Sahariens, comme axiome proverbial, que pour s'enrichir, il suffit de faire un voyage au Soudan *(Les Touâreg du Nord,* tome Ier, page 259).

mais tout en nous réjouissant de voir ce pays marcher à grands pas dans la voie du progrès matériel, nous ne pouvons nous empêcher de croire que les desseins, si habilement exécutés de M. le maréchal Randon, amèneront encore un autre résultat, non moins précieux et non moins fécond en conséquences admirables. Oui, nous en avons du moins la ferme espérance, dans un avenir qu'il serait maintenant téméraire de préciser, mais qui ne saurait être très-éloigné de nous, les missionnaires catholiques s'élanceront à la suite de ces caravanes, comme autrefois les Apôtres à la suite des aigles romaines, et, au nom de la civilisation chrétienne prendront solennellement possession du centre de l'Afrique jusqu'ici fermé aux investigations de la science et aux lumières de l'Évangile : le désert sera leur première étape et les Touâreg leurs premiers néophytes. Ce nouveau résultat, conséquence naturelle et consécration irrévocable du progrès commercial avec les populations centrales de l'Afrique, M. le maréchal Randon aura l'insigne honneur de l'avoir pressenti, et ne partagera avec personne la gloire de l'avoir préparé.

L'Empereur (1), après l'avoir d'abord accueillie avec faveur, puisque son gouvernement a traité le 26 novembre 1863 avec les Touâreg, semble avoir aujourd'hui renoncé à l'idée de nouer des relations commerciales avec les peuples de l'intérieur de l'Afrique. Cette façon de penser ne doit pas nous surprendre ; elle est est, en effet, la conséquence naturelle et nécessaire de l'évacuation ou de l'amoindrissement « de l'importance politique et militaire (2), » de nos postes avancés dans le sud. La raison qu'en donne l'auguste auteur ne nous paraît pas décisive. De ce que jusqu'à ce jour, « le commerce des caravanes, » n'a pas repris sa route vers nos possessions, en doit-on conclure qu'il faut renoncer à l'y voir ? Nous ne le pensons pas. Il est incontestable qu'il existait autrefois et que c'est notre conquête qui l'a brusquement interrompu (3), pourquoi donc ne pourrait-il pas renaître ? Comment, il n'y a pas encore trois ans que nous avons traité avec les Touâreg pour le libre passage et la sécurité

---

(1) Voir sa lettre à M. le duc de Magenta, page 61.
(2) *Idem.*
(3) *Le commerce de la France avec le Soudan,* par Henri Stucké, chez Challamel aîné, 1864, page 7.

des caravanes, et parce que des résultats *immédiats* n'ont pas couronné nos efforts, nous fermons et condamnons cette porte du Sud qui a eu à peine le temps de s'ouvrir ? On ne change pas ainsi tout-à-coup, des habitudes prises depuis trente-trois ans, et surtout des habitudes arabes. L'Empereur apporte une autre raison qui ne nous semble pas plus péremptoire que la première ; c'est que, dit-il, le commerce des caravanes n'est « entretenu que par celui des esclaves (1). »

Nous convenons qu'en effet cet odieux trafic était « autrefois le principal aliment des retours du Soudan, » mais d'après de récents témoignages, ce trafic *n'existe plus sur la ligne de Tripoli ;* le Maroc seul le pratique encore (2). Quoique les renseignements que nous possédons sur les marchandises à exporter du Soudan soient loin d'être complets, nous savons cependant que l'ivoire, les plumes d'autruche, la poudre d'or, l'indigo s'y recueillent en quantité considérable et que leur prix d'achat offrirait sur les marchés européens de riches bénéfices.

---

(1) Voir sa lettre, page 61.
(2) *Le commerce de la France avec le Soudan,* page 35.

Même longtemps avant de traiter avec les Touâreg, une tentative dans le but de nouer avec eux des relations suivies avait été faite, et si nous en croyons le *Moniteur universel* reproduit par le *Moniteur de la Colonisation*, du 28 avril 1858, cette tentative avait parfaitement réussi.

« Une caravane composée de négociants algériens, ainsi s'exprime ce journal, était partie de Laghouat pour se rendre à Rhât, ville du grand désert et siége d'un marché considérable, à quarante journées de marche environ au sud de Tripoli et au sud-est de Laghouat. Cette caravane vient de rentrer. Quoique arrivée à Rhât après l'époque du marché annuel, elle a pu faire des achats sur lesquels, à son retour, elle a réalisé des bénéfices assez importants. Les habitants du Rhât ont accueilli la caravane algérienne avec toute la libéralité de l'hospitalité arabe. Pendant trois jours consécutifs, ils ont fourni la diffa (repas du matin et du soir) aux personnes qui la composaient. Le séjour de nos gens dans leur ville a même engagé des négociants du Rhât à venir en Algérie pour y faire du commerce, et dernièrement des marchands de cette localité, accompagnés d'un chef touâreg, Sid Othman (1), et de trois individus appartenant à la même tribu, sont arrivés à Laghouat, apportant divers échantillons de marchandises, telles que poudre d'or, ivoire, peaux de buffle, peaux de panthère, plumes d'autruche et ustensiles divers du pays des nègres. Ce premier voyage était un essai. Or, le bon accueil qu'ont reçu les commerçants de Rhât, la parfaite sécurité qu'ils ont trouvée chez nous, les bénéfices qu'ils ont réalisés, tout porte à croire qu'ils seront encouragés à revenir et que des relations commerciales s'établiront entre Rhât et nos villes du sud... Il est permis d'espérer que des rapports suivis étant noués entre l'Algérie et Rhât, notre ascendant sur les populations sahariennes grandira, et l'industrie française sera à même de tirer parti de cette situation, si elle sait mettre à la disposition de ces négociants les produits qu'ils recherchent. »

C'est donc avec un légitime regret, nous le répétons, que nous voyons l'Empereur abandonner aujourd'hui une idée qui, sagement exploitée, aurait pu être grandement profitable au commerce de notre colonie algérienne.

(1) Il était un de ceux qui sont venus à Paris au mois de juin 1863 et que nous avons vu à Laghouat au mois de janvier 1856.

V

En attendant que Dieu et l'avenir inspirent à ceux qui nous régissent une autre manière de voir et de penser, nous allons exposer, aussi brièvement que possible, les quelques données que nous sommes parvenu à recueillir sur les Touâreg durant notre séjour dans le sud de l'Algérie. Ces renseignements, quoique bien incomplets (1), nous paraissent dignes cependant de fixer un moment l'attention des esprits sérieux, et ne laissent pas que de prêter une certaine valeur à l'espérance que nous émettions tout à l'heure, de voir un jour ce peuple étrange devenir, — dirons-nous, — REDEVENIR CHRÉTIEN.

« Sous le nom général de Touâreg, nom d'origine arabe et adopté par les Européens, on

---

(1) Ces renseignements sont aujourd'hui plus complets, grâce au remarquable ouvrage de M. Henri Duveyrier qui a séjourné chez les Touâreg. Nous sommes heureux de voir que le plus grand nombre de nos assertions sont confirmées par le témoignage de ce savant voyageur.

comprend quatre grandes divisions politiques correspondant à quatre grandes divisions territoriales, savoir :

La confédération des Azdjer, au nord-est, avec le plateau du Tasîli du nord et dépendances, pour patrie ;

La confédération des Ahaggâr, au nord-ouest, dans le mont Ahaggâr ou Hoggâr des Arabes ;

La confédération d'Aïr, plus généralement connue sous le nom de Kel-Ouï, au sud-est, dans le massif d'Aïr, également appelé Azben ;

La confédération des Aouélimmiden, au sud-ouest, dont le territoire comprend une portion montagneuse, l'Adghagh, et une portion plane, l'Ahâouagh.

Les Azdjer et les Ahaggâr constituent les Touâreg du nord, comme les Aïr et les Aouélimmiden ceux du sud.....

A quel peuple primitif, à quelle langue primordiale rattacher les Touâreg et le dialecte qu'ils parlent ?

L'opinion des Touâreg sur ces diverses questions a l'avantage d'être unanime : « Nous sommes *Imôhagh*, disent les Azdjer ; *Imôcharh*, disent les Ahaggâr et les Aouélimmiden ;

Imâjirhen, disent les Touâreg d'Aïr. — La langue que nous parlons s'appelle *temâhag* ou *temâcheq*, suivant les dialectes. — Les Arabes ont donné à nos tribus le nom de *Touâreg* et à notre langue celui de *târguïa*, du participe arabe *târek*, au pluriel *touâreg*, qui signifie les *abandonnés* « de Dieu, » sous-entendu, parce que nous avons, pendant longtemps, refusé d'adopter la religion que les Arabes nous apportaient, et parce que, après l'avoir embrassée, nos pères ont souvent renié la foi nouvelle. Mais ce nom, qui rappelle une situation ancienne dont le souvenir est aujourd'hui injurieux pour nous, n'a jamais été celui de notre race. — Les quatre mots, *Imôhagh, Imajirhen, temâhag, temâcheq,* qui sont les noms de notre race et de notre langue, dérivent de la même racine, le verbe *iôhagh*, qui signifie : il est *libre*, il est *franc*, il est *indépendant*, il *pille* (1). »

Un fait longtemps contesté, mais que de récents travaux scientifiques (2) ont mis hors

(1) *Les Touâreg du Nord*, pages 1, 2 et 317.

(2) *Essai de grammaire de la langue kabyle.* — *Mémoire relatif à quelques inscriptions en caractères touâreg*, par M. le capitaine Hanoteau, attaché au bureau politique des affaires arabes. (Voir le rapport de M. Reinaud, membre de l'Institut, sur ces deux ouvrages, dans le *Moniteur universel* du 6 août 1857.)

de doute, c'est qu'ils appartiennent, ainsi que les Kabyles *(Kbeïles)* qui habitent les sommets de l'Atlas, et les Mozabites (1) fixés à l'extrémité méridionale du Sahara algérien, à l'immense famille des Berbères (2). Ils parlent à peu près la même langue, mais, chose digne de remarque, les Kabyles et les Mozabites ont

(1) Les Berbères du sud, connus sous le nom de Mozabites, ne seraient-ils point les descendants de ceux que l'empereur Maximien-Hercule y transporta violemment en 298 ? et les Touâreg, quoique beaucoup plus avancés vers l'équateur, ne proviendraient-ils pas également de cette émigration forcée ?

(2) Les savants se sont livrés à de longues dissertations sur l'origine des Berbères, mais ce problème est loin d'être résolu. De leur côté, les auteurs arabes ont fait à ce sujet beaucoup de conjectures, en général peu satisfaisantes ; seul, Léon l'Africain a trouvé à ce nom une étymologie acceptable en le rattachant à la racine *ber* (désert). « Mais, si nous en croyons Karl Ritter, ce mot procéderait d'une origine plus lointaine. Suivant l'illustre géographe de Berlin, les Berbères seraient venus de l'Inde à une époque inconnue, en passant par l'Arabie et l'Égypte. Le savant allemand a retrouvé les traces de cette antique migration, soit dans l'Égypte méridionale, où habite la tribu des *Barabras*, dont le type rappelle celui des anciens Égyptiens ; soit en Arabie, où existe une ville appelée *Berberets* ; soit enfin dans l'Inde, où se tenait autrefois le célèbre marché de Barbarikès, et dont les vieux poëmes en langues sanskrites parlent d'une nation vivant jadis au sud de l'Indoustan et nommée *Warvara* ou *Barbara*. Une partie de la mer des Indes s'appela longtemps *Sinus Barbaricus*. Enfin, le célèbre voyageur Ibn-Batouta, qui parcourut au XIVe siècle une grande partie de l'Asie et de l'Afrique, signale une coutume singulière, commune aux Berbères et aux Malabars indous, et d'après laquelle le droit d'hérédité se règle d'oncle à neveu et non de père à fils. » *(Correspondant* de février 1862, page 240, M. Lucien Dubois.)

perdu leur écriture et emploient les caractères arabes, tandis que les Touâreg l'ont conservée (1). De plus, on sait que l'Arabe, comme presque tous les peuples musulmans, n'a pas de lois en dehors du Koran ; le Koran donc doit savoir résoudre toutes les difficultés, soit spirituelles, soit temporelles qui peuvent se présenter, fournir un texte pour juger tous les différends et indiquer un châtiment pour tous les crimes. Eh bien ! les Kabyles, les Mozabites et les Touâreg *seuls*, au milieu des mahométans d'Afrique, possèdent, outre le Koran, un livre

(1) La langue berbère qui est antérieure à la langue punique, paraît avoir été celle des divers peuples aborigènes du nord de l'Afrique. L'inscription bilingue de Tougga, dans la Tunisie, qui a tant exercé les savants, et dont une partie était en caractères numides, offre, avec les inscriptions touâreg qu'on rencontre gravées sur les rochers du désert, une grande ressemblance. (*Nouvelles Annales des voyages*, IV, 1845.) L'inscription de Tougga a permis à M. Jomard de faire un autre rapprochement curieux. On trouva, il y a déjà quelques années, dans l'un des *tumuli*, si nombreux sur les bords de l'Ohio, une pierre sur laquelle était gravée une inscription en langue inconnue. Le célèbre académicien a démontré qu'il existait un rapport à peu près identique entre cinq des caractères de cette inscription et cinq lettres de l'alphabet touâreg. (*Mémoires de l'Académie des inscriptions*, XVI, 126.) Les Berbères africains et certaines peuplades d'Amérique auraient-ils une origine commune ? Est-ce que les Guanches, premiers habitants des îles Canaries et qui parlaient la langue berbère, auraient dans les temps anciens traversé les mers et eu des relations avec le nouveau monde ? — Autant de problèmes à résoudre.

de lois, *un code civil*, et, chose étrangement significative, le recueil de ces lois qui remontent à des temps très-reculés, porte encore aujourd'hui chez eux le nom de *Canon (Kanoun)* (1) ! Enfin, les Kabyles, les Mozabites et les Touâreg, quoique musulmans (2), ont le plus profond mépris pour l'Arabe, et bien loin de le regarder comme un frère, ils lui témoignent au contraire, lorsqu'ils le peuvent sans danger, une aversion qui va jusqu'à l'horreur. Il fallait entendre les plaintes et les soupirs de rage poussés par la population du Souf (3) à la vue des troupes indigènes mêlées à nos soldats et poursuivant le schérif, après la prise de Tuggurt (4) : « *Qu'il est dur*, disaient ces pauvres gens, *qu'il est dur de voir des Arabes dans notre pays !* »

Celui qui connaît la longue et terrible lutte que les Berbères ont soutenue avant de subir

---

(1) On peut voir dans l'excellent ouvrage de M. le baron Aucapitaine (*les Kabyles*, première partie, page 69), quelques-uns de ces *canons* en usage chez les Kabyles. — D'après M. Henri Duveyrier, il existe chez les Touâreg *un livre de droit*, mais écrit en lettres arabes. (Voir *les Touâreg du Nord*, page 389.)

(2) On verra plus loin que les Touâreg ne le sont pas tous.

(3) Pays situé à trois jours de marche au-delà de Tuggurt.

(4) A la fin de l'année 1855.

le joug abrutissant du mahométisme (1), les efforts héroïques qu'ils ont tentés pour expulser de l'Afrique ces terribles envahisseurs de leur territoire, celui-là seul comprend la haine vivace, profonde et *justifiée* qu'ils conservent, comme par tradition, à leurs sauvages convertisseurs.

Veut-on savoir ce qu'était ce peuple avant l'invasion musulmane, qu'on lise les historiens arabes, et entre autres, le célèbre Ibn-Khaldoun, si habilement traduit par M. le baron de Slane. Voici le portrait que lui-même en fait :

« Les Berbères, dit-il, ont toujours été un peuple puissant, redoutable, brave et nombreux, tels que les Arabes, les Perses, les Grecs et les Romains. Citons, ajoute-t-il, les vertus qui font honneur à l'homme et qui étaient devenues pour les Berbères une seconde nature : leur empressement à s'acquérir des qualités honorables, la noblesse d'âme qui les porta au

---

(1) Les Berbères ont apostasié jusqu'à *douze fois* l'islamisme pour retourner à leur ancien culte, et chaque fois ils soutinrent une guerre longue et cruelle contre les musulmans ; ils n'adoptèrent définitivement le mahométisme que sous le gouvernement de Mouza-Ibn-Noceïr, en l'année 101 de l'hégire, de J.-C. 719. *(Histoire des Berbères,* par Ibn-Khaldoun, traduction de M. le baron de Slane, interprète principal de l'armée d'Afrique, tome Ier, page 28.)

premier rang parmi les nations, les actions par lesquelles ils méritèrent les louanges de l'univers, bravoure et promptitude à défendre leurs hôtes et leurs clients, fidélité aux promesses, aux engagements et aux traités, patience dans l'adversité, fermeté dans les grandes afflictions, douceur de caractère, indulgence pour les défauts d'autrui, éloignement pour la vengeance, bonté pour les malheureux, respect pour les vieillards et les hommes religieux, empressement à soulager les infortunés, industrie, hospitalité, charité, magnanimité, haine de l'oppression, valeur déployée contre les empires qui les menaçaient, victoires remportées sur les princes de la terre, dévoûment à la cause de Dieu ; voilà pour les Berbères, une foule de titres à une haute illustration, titres hérités de leurs pères et dont l'exposition mise par écrit aurait pu servir d'exemples aux nations à venir (1). »

Ne croirait-on pas lire un portrait des chrétiens de la primitive Église ? et pourtant, c'est un Arabe, c'est-à-dire un *ennemi* qui a écrit ces lignes magnifiques !

---

(1) *Histoire des Berbères*, tome Ier, page 199.

Voyez maintenant ce que ce peuple est devenu sous l'influence délétère du mahométisme : «..... Mais, étant tombée en décadence, continue l'historien Ibn-Khaldoun, elle a vu (cette race) sa population décroître, son patriotisme disparaître et son esprit de corps s'affaiblir au point que les diverses peuplades qui la composent sont aujourd'hui devenues sujettes d'autres dynasties et ploient, comme des esclaves, sous le fardeau des impôts (1). »

Les Berbères, nous en avons des témoignages incontestables, étaient ou *chrétiens* ou *juifs*, lors de l'invasion arabe. Koceïla, vaillant chef berbère qui chassa (2) les mahométans du pays et le gouverna ensuite jusqu'à sa mort, arrivée cinq ans après (de l'hégire, 67 ; de J.-C., 686), Koceïla était chrétien.

Son successeur presque immédiat dans le commandement, la Kahena, cette femme illustre, si grande par son courage et son patriotisme, si belle et si touchante par son cœur

---

(1) *Histoire des Berbères*, tome Ier, page 199.

(2) *Ibid.*, page 213. — On ne doit accepter qu'avec réserve, pour ce qui concerne les Kabyles et les Touâreg, cette assertion du célèbre historien arabe, car les Kabyles, jusqu'à nos jours, n'avaient pu être domptés, et les Touâreg n'ont jamais subi le joug de personne.

de mère, si peu connue et si digne de l'être, cette femme qui battit tant de fois les Arabes, et que la trahison d'un fils adoptif ingrat put seul vaincre (de l'hégire, 74; de J.-C., 693), l'historien Ibn-Khaldoun dit que, suivant le bruit public, elle était *juive,* mais sans en apporter aucune preuve : la Kahena méritait de naître chrétienne. Du reste, ajoute-t-il, plusieurs tribus Berbères professaient *le judaïsme,* religion qu'ils avaient reçue des Israélites de la Syrie (1).

VI

Chose singulière et qui donne à réfléchir, *la croix latine* est en grand honneur chez les Touâreg, on la retrouve brodée aux quatre coins de leur vastes boucliers, gravée sur presque toutes leurs armes et le pommeau même de la selle de leurs méharis en affecte la forme. D'où leur vient-elle ? Peut-être l'ignorent-ils,

---

(1) *Histoire des Berbères,* tome Ier, page 208.

mais à nous, il est maintenant facile de le dire. Car du moment qu'il est aujourd'hui victorieusement établi que les Touareg sont de race berbère on peut répondre que la présence de la croix latine parmi eux s'explique tout naturellement : ils l'auront conservée comme une tradition de leurs pères chrétiens, tradition, dont sans doute, à cette heure, ils ont oublié l'origine (1).

Les Kabyles et les Mozabites, Berbères aussi et par conséquent, du moins en partie autrefois chrétiens, ont également conservé, on va le voir, quelques rares vestiges du christianisme. Car, d'après le témoignage digne de foi de l'honorable baron Aucapitaine, on trouve assez fréquemment des Kabyles, et surtout des femmes de cette nation, tatoués du *signe* religieux des chrétiens. Il existe de plus chez eux un usage, souvenir pour nous évident de la pratique du christianisme. C'est que, contrairement à la coutume des musulmans qui s'assemblent à la mosquée le *vendredi*, les Kabyles, quoique professant la même religion, *se reposent le dimanche*, et le kadi inflige même une peine à celui

---

(1) Voir plus loin, pages 250-252.

qui se permet de travailler ce jour-là (1).

Nous ferons connaître ici un fait singulier et extrêmement remarquable au point de vue des traditions chrétiennes restées chez les peuples violemment ralliés à l'islam, fait qui se produit encore tous les jours chez les Berbères mozabites du sud de nos possessions.

Au mois de décembre 1856, nous avions l'honneur de raconter le même fait au savant Évêque qui occupe avec tant d'éclat le siége d'Alger. Voici donc ce que nous lui écrivions, et d'avance nous demandons pardon pour cette longue, mais intéressante citation :

« Si cette lettre ne devait pas dépasser les bornes ordinaires, je vous ferais voir, à cinq jours au delà de Laghouat, dans la confédération du M'zab, — les prêtres gouvernant le peuple comme au temps de la primitive Église, *la confession publique* en vigueur et le chef de la prière, faisant du haut de la chaire, descendre *le pardon* sur le pécheur repentant qui s'accuse au milieu de ses frères ; tristes vestiges d'un christianisme évanoui, — mais qui peut revivre !

---

(1) Voir le *Correspondant* de juin 1857. mélanges.

» Pourtant je ne puis résister au désir d'exposer à V. G. aussi brièvement que possible, ce qui donne lieu à l'étrange cérémonie de la *confession* et de *l'absolution* publique, chez les Mozabites et de quelle manière elle se pratique.

» Vous le savez, presque tous les hommes de cette confédération se livrent au négoce. Forcés par les exigences de leur commerce de sortir de leur pays, chaque année ils se répandent en grand nombre, non-seulement dans les villes du littoral, mais encore avec les juifs, ils sont à peu près les seuls marchands qu'on rencontre dans les ksours de l'intérieur où les Français n'ont pas formé d'établissement fixe. Mais dans leurs pérégrinations, quelque part qu'ils aillent, leurs marabouts ne les perdent pas de vue et se font exactement renseigner sur leurs faits et gestes par quelques dévots fanatiques.

» Veuillez me permettre une courte explication.

» Généralement on croit que l'Arabe ne saurait se passer de fumer, que dans cette occupation qui peut avoir un charme que je n'apprécie pas, se passe la moitié de sa vie, et que si par hasard, il vient à manquer de pipe ou de tabac, il est aussi malheureux qu'un cavalier démonté. Que de fois n'ai-je pas entendu dire, et à des personnes qui se piquent de les connaître : *L'Arabe ne marche jamais sans sa pipe!* C'est là une erreur aussi grosse que cette figure de rhétorique à effet, — *le lion du désert,* — où il n'y a jamais eu de lions. Il y a plus, c'est que l'Arabe qui a contracté l'habitude de *boire* (1) le tabac, est un Arabe dégénéré, c'est un homme qui habite la ville ou qui a des rapports fréquents avec les infidèles, les chrétiens et les juifs. Mais *le véritable Arabe*, le pasteur, celui qui vit sous la tente, en dehors, pour ainsi dire, de notre influence et à l'abri du contact de nos mœurs, celui-là, non-seulement ne fume pas habituellement, mais encore il regarde comme une tache, une imperfection, l'usage de la pipe, et comme *un crime* égal à celui de s'enivrer le malheur d'aspirer le kif (2), l'indigène qui en use est déshonoré dans l'estime de ses coreligionnaires. Ils poussent à cet égard la susceptibilité si loin, qu'un marabout qui commettrait la faute énorme de fumer, même une seule fois, en public,

---

(1) En arabe, on dit boire le tabac, le kif, le hachich.
(2) Feuilles de chanvre qui, employées comme le tabac, abrutissent aussi sûrement que l'opium.

serait à jamais perdu, et dont les amulettes n'auraient plus aucune valeur (1).

» Or, les Mozabites, qui, comme peuple, se placent infiniment au-dessus des Arabes, qu'ils méprisent, pour mieux prouver encore leur orgueilleuse supériorité sur l'indigène, affectent, dans la pratique des observances de la loi religieuse, une sévérité qui va jusqu'à la rudesse. Ainsi, par exemple, l'Arabe fume parfois, prend volontiers et plusieurs fois par jour, quand il le peut, du café, etc.; le Mozabite, musulman plus austère, au moins dans sa vie publique, ne doit se permettre aucune de ces délicatesses, sous peine de péché *(h'arem)*. Appelé par ses affaires loin des villes de la confédération, un Mozabite, que la distance qui le sépare de son pays et de ses marabouts rend plus audacieux ou moins vigilants, s'émancipe quelquefois, au grand scandale de ses frères plus réservés ; on le voit, sans vergogne, se dédommager des

---

(1) Il en est de même chez les Touâreg, hommes et femmes fument, prisent ou chiquent, — *excepté les marabouts. (Les Touâreg du Nord,* page 413.)

Si un prêtre catholique avait l'habitude de fumer, il devrait éviter avec le plus grand soin de le faire en présence des Arabes du sud, sous peine de perdre le magnifique prestige attaché à son nom et à sa personne.

longues privations imposées par la crainte à
ses penchants vicieux, fumer voluptueusement
d'interminables pipes et absorber des torrents
de café. Horreur ! souvent même il mélange de
kif son tabac et boit du vin maudit !... Mais
c'est en vain qu'il donne des coups de pied à
la loi et qu'il s'insurge contre des prescriptions
qui lui sont devenues odieuses, ce fils du diable
n'échappera point au châtiment : le marabout
l'attend au retour, et alors, gare au prévari-
cateur !

» Je l'ai déjà dit : le marabout est exactement
informé par ses fidèles des fautes commises en
dehors de sa juridiction par quelque *paroissien*
peu scrupuleux, et il en prend note.

» Ses marchandises écoulées, sa provision
de grain faite, car on n'en récolte pas dans le
pays, le Mozabite traverse de nouveau le Sahara
algérien et rentre, pour un temps, au sein de
sa famille. A peine a-t-il quitté les parages où
il exerçait son commerce, que ses mauvaises
habitudes cessent comme par enchantement :
plus de tabac, plus de café, plus de joyeux
propos, plus de criminelles folies ; il est subitement redevenu le musulman sévère des anciens jours, c'est-à-dire grave comme une

statue, impassible comme le marbre, et froid en apparence comme le destin. Il fait régulièrement ses ablutions, personne ne prononce avec une componction plus attendrissante le nom vénéré d'Allah, et le premier, à l'heure de la prière, il marche recueilli vers la mosquée ; enfin, il a toutes les allures d'un petit saint. Qu'il joue là un rôle hypocrite, ce qui est probable, ou qu'il soit sincèrement converti, ce qui est bien chanceux, le zèle ardent qu'il déploie ne le sauvera pas. Le marabout, qui connaît son monde, se montre en général fort peu sensible à toutes ces démonstrations. Cet homme a péché, et son péché mérite une punition : voilà la loi, peu lui importe le reste, il fera son devoir.

» Le cri du *mouzzen* (1) a retenti au-dessus de la ville ; tous les vrai croyants répondant à son appel sont réunis dans la nef de la mosquée et vont commencer le *sallih*, la prière. Mais l'œil perçant du marabout qui la préside a bien vite découvert le Mozabite coupable perdu dans la foule de ses frères, et pour lui l'heure de la justice a sonné. D'une voix tonnante, le prêtre

(1) Celui qui convoque, du haut du minaret de chaque mosquée, les musulmans à la prière.

l'interpelle : « *Un tel*, s'écrie-t-il, *tu n'es pas digne de prier avec les autres, va-t'en !* »

» En d'autres termes, n'est-ce pas la parole de saint Paul aux fidèles de Corinthe : « *Tollatur de medio vestrum qui hoc opus fecit* (1) ? »

» Le Mozabite, foudroyé par ces mots terribles, s'arrache lentement du milieu de ses frères silencieux et va se placer, dans la plus humble posture, contre un des piliers de la nef. Il ne se plaint pas, ne murmure pas : c'est la loi, et il s'y soumet. D'ailleurs, s'il essayait de s'y soustraire, il sait bien qu'il causerait un effroyable scandale et que tous les hommes de l'assemblée se réuniraient à ses proches pour le maudire.

» La prière commence ensuite, et tandis que ses coreligionnaires chantent ou récitent avec le flegme qui les distingue les formules du livre sacré, l'excommunié, honteusement relégué près de son pilier, invoque, en poussant de lamentables gémissements, la miséricorde de son juge : *Pardon ! pardon ! (Smah'li !)* Mais le marabout fait la sourde oreille. Et cinq fois

---

(1) Que celui qui a commis cette action soit retranché du milieu de vous. (Corinth., v. 2.)

par jour (1), quelquefois durant trois semaines, plus ou moins, suivant la gravité de sa faute, le pénitent continue ainsi sans succès à jeter le même cri.

» Enfin, lorsque le prêtre trouve que l'expiation a été assez longue, que le coupable, ramené à de meilleurs sentiments par cette humiliation publique, ne recommencera plus, il feint alors de l'entendre pour la première fois, et l'interpellant directement : « Que demandes-tu ? dit-il. — Je demande le pardon, répond le Mozabite. — Pourquoi ? reprend le marabout. — Parce que j'ai péché. — Qu'as-tu fait ? »

» Voici le moment de la confession.

» J'ai fumé du tabac ou du kif, répond humblement le coupable ; j'ai pris du café, j'ai bu du vin, j'ai mangé de la cuisine des infidèles, etc., etc. Il s'accuse enfin de toutes les fautes extérieures qui passent pour graves dans l'esprit de ces rigides musulmans, et il termine par son cri habituel : Pardon !

» Le marabout se recueille un instant, puis, d'une voix imposante et solennelle, il prononce la formule d'*absolution* : — *Je te pardonne,* dit-il... *et que Dieu te pardonne !*

(1) Les mahométans se rendent cinq fois par jour à la prière.

» Ainsi se termine la pénitence du coupable. A partir de ce moment, il reprend sa place au milieu de ses frères et peut désormais prier avec eux. »

Quelque étranges et singuliers que paraissent ces faits, nous en garantissons l'exactitude ; il nous serait facile de nommer les Mozabites qui nous les ont racontés, sans savoir à quel titre ils pouvaient nous intéresser, et seulement *per modum conversationis*.

Nous ne craignons pas d'affirmer que la vie des Arabes et des Berbères qui habitent le Sahara algérien est aujourd'hui encore presque aussi peu connue dans ses détails intimes qu'aux premiers temps de notre conquête. M. F. Hugonnet, dans ses *Souvenirs d'un chef de bureau arabe*, production extrêmement remarquable, a soulevé une partie du voile qui nous les dérobe ; mais qui le déchirera tout entier ? Il y a là un beau livre à faire ; mais qui l'écrira ?

Nous voici loin de notre point de départ, qu'on nous le pardonne ; mais en parlant des Mozabites nous ne sommes pas sorti de la famille des Touâreg, qui sont aussi des Berbères.

Tous les Touâreg ne sont pas musulmans,

ainsi que nous l'avons déjà dit en note ; mais les recherches que nous avons faites et les efforts que nous nous sommes imposés pour obtenir des renseignements à peu près exacts sur le culte que professent ceux qui ne sont pas encore *convertis* à l'islam, ont été jusqu'à ce jour complétement infructueux. Nous savons seulement qu'ils font usage d'une prière qui a les rapports les plus frappants avec l'*Oraison dominicale* ou *Notre Père* (1).

Au mois d'août 1855, un marabout arabe qui arrivait de Timbectou me fut amené suivant l'usage (2). Je l'interrogeai sur les Touâreg (3), et voici en abrégé la conversation que nous eûmes ensemble :

« Pour revenir de Timbectou, tu as dû passer par le pays des Touâreg ?

— Oui, Sidi (Monsieur ou Seigneur), jai vu

---

(1) Nous tenons ce fait curieux de M. Ch. Goslin, le seul Français, alors en Afrique, qui sût parler le touâreg.

(2) Je dis, *suivant l'usage*. J'avais promis vingt-cinq centimes à quiconque m'amènerait un *berrani*, étranger, voyageur, pélerin, etc. Je n'en manquais pas un, car mes braves Laghouati, si amoureux des petits sous, me les auraient apportés de force plutôt que de pas gagner la prime. C'est ainsi que j'ai pu obtenir une foule de renseignements, que je contrôlais ensuite les uns par les autres.

(3) C'est lui qui nous a raconté la singulière légende qui va suivre. — Un trait de mœurs locales : Croira-t-on que cet individu portait

les Touâreg, et même je me suis reposé quelques jours sous leurs tentes.

— Lorsqu'ils adressent des prières à Dieu, le font-ils de la même manière que toi ?

— Non, Sidi, il y en a qui sont mécréants *(kouffar)*.

— Et comment ceux-là prient-ils ?

— Ah ! Sidi, je parle avec la vérité, je suis ton enfant, tu es mon père : ils ne quittent point leurs souliers, ne font point d'ablutions, ne se tournent point vers la Mecque et ne se prosternent point, — absolument comme des fils de Satan *(beni Chitan)*.

— Connais-tu les paroles qu'ils prononcent en priant ?

— Pardonne-moi, non, *par la tête de ton père* (1), je ne les sais pas. »

Les détails dans lesquels il entra ensuite nous firent voir que les habitudes des Touâreg sont beaucoup plus décentes que celles des

---

avec lui un manuscrit arabe de la plus odieuse et de la plus révoltante obscénité et dont il faisait lecture aux indigènes qui le recevaient sous leur tente : un moyen de payer l'hospitalité qu'ils lui donnaient. Il s'en vantait sans vergogne, et j'eus beaucoup de peine à l'empêcher d'user envers moi du même procédé. C'était un gros réjoui, extrêmement fin et rusé.

(1) Jurement arabe fort usité dans la conversation.

peuples qui les entourent. Ainsi, chez eux, les iniquités dont il est parlé au Lévitique et dans l'Épître de saint Paul aux Romains, sont à peu près inconnues, et si d'aventure elles se produisent, les coupables sont punis de mort. C'était la loi des Juifs, *morte moriatur.*

Au mois de décembre de la même année, quatre Touâreg passaient à Laghouat, et se rendaient à Alger sous la garde de Si Hamza, chef arabe le plus influent du sud de l'Algérie. J'allai les voir, mais sans profit, car l'un d'entre eux, le seul qui sût l'arabe, évita avec soin de répondre à mes questions sur la religion de ses compatriotes. Je m'adressai alors à Si Hamza (1), qui me dit : « Il y a des Touâreg qui sont musulmans, mais il y en a d'autres qui sont *comme les Espagnols (l'aokhin kif Esbanioul).* — Qu'entends-tu par ces mots : *comme les Espagnols ?* lui demandai-je ensuite. — Comme ça *(hakda),* me répondit-il. »

Il devenait évident pour moi qu'il ne se souciait pas de m'en dire davantage. Je cessai donc de le questionner, car lorsqu'un Arabe a entrepris de garder le silence, il est aussi diffi-

---

(1) Père de Si Lalla, chef de la dernière insurrection.

cile de l'amener à desserrer les dents que de faire boire un âne qui n'a pas soif. Le plus sage est d'y renoncer.

Mais malgré le mutisme ignorant ou calculé de Si Hamza, le jour sur cette question commence à se faire. Le témoignage de M. Henri Duveyrier, qui a séjourné au milieu des Touâreg, est trop précieux, et il confirme d'une manière si parfaite nos propres renseignements à cet égard, que nous sommes heureux de le rapporter ici.

« Les Touâreg sont musulmans (1), dit-il, mais à l'exception des marabouts et de quelques hommes pieux, ils ne pratiquent pas..... Leur Dieu est *amanaï* (l'Adonaï de la Bible) ; il est unique ; — le ciel, *adjenna*, le paradis, *idjennaouen*, où l'homme reçoit la récompense de ses bonnes actions après la mort, est habité par les anges, *andjeloûs*, pluriel *andjeloûsen* (2);

---

(1) Nous ferons remarquer que les observations et les recherches de M. Henri Duveyrier, ainsi que lui-même le *déclare*, ont été limitées *aux seuls Touâreg du Nord*. Sans être taxé de témérité, nous pouvons donc, jusqu'à plus ample informé, maintenir ce que nous avons dit précédemment en parlant de la religion professée par les Touâreg, page 202, en note.

(2) Nous appellerons l'attention du lecteur sur ce fait, que ce mot appartient à la langue touâreg, le mot arabe étant *melek*, pluriel *mlaïka*.

— l'enfer est *timsi-tân-elakhart*, le dernier feu (1) ; — le diable, *iblis*, y règne. — La croix se trouve partout : dans leur alphabet, sur leurs armes, sur leurs boucliers, dans les ornements de leurs vêtements. Le seul tatouage qu'ils portent sur le front, sur le dos de la main, est une croix à quatre branches égales ; le pommeau de leurs selles, les poignées de leurs sabres, de leurs poignards sont en croix (2). — Les selles de leurs chameaux sont garnies de clochettes, quoique partout l'islamisme ait détruit et repoussé la cloche comme une sorte de cachet du christianisme. — Dans les mœurs, les traces du christianisme sont encore plus évidentes : la monogamie, le respect de la femme, l'horreur du vol (3), du mensonge, l'accomplissement de la parole donnée, etc.,

---

(1) N'est-ce pas là encore le langage de l'Ecriture sainte : *igni inextinguibili*, — feu qui brûlera encore lorsque tous les autres seront éteints (Matth. 3, 12) ?

(2) Voir ce que nous avons déjà dit à ce sujet, page 206.

(3) Il faut s'entendre. De Touâreg à Touâreg, la propriété est sacrée : *les voleurs ne se volent pas entre eux !* Mais pour l'étranger, à moins qu'il ne soit protégé par une convention et l'autorité d'un chef, il n'en est point ainsi. Qu'on se rappelle la signification que les Touâreg eux-mêmes donnent à leur nom, page 199, et dont ils sont fiers : il est *libre*, il est *franc*, il est *indépendant*, il *pille*. — C'est assez clair. (Note de l'auteur.)

etc. (1). » — A ces preuves incontestables de l'existence du christianisme chez les Touâreg, à une époque reculée, nous pouvons encore en ajouter d'autres. Les Arabes qui les craignent et qui les détestent, leur appliquent encore aujourd'hui l'épithète flétrissante de *chrétiens du désert.* De plus, le célèbre voyageur Barth, en traversant le pays des Touâreg-Tgama qui habitent entre l'Aïr et le Damerghou, apprit d'une façon positive que cette tribu avait professé le christianisme avant d'être entraînée violemment au mahométisme. La contrée qu'elle occupe porte encore le nom d'*Arroumet*, c'est-à-dire, *pays des chrétiens* (2). »

VII

Le costume des Touâreg est tellement compliqué qu'il est à peu près impossible d'en faire une description exacte qui soit supportable. Nous dirons seulement que leur manière de se

---

(1) *Les Touâreg du Nord*, page 414.
(2) Tome Ier, page 293.

vêtir est beaucoup plus convenable que celle des Arabes du sud, qui se contentent de se couvrir habituellement d'une *gandoura*, sorte de longue chemise de coton, sans porter le *seroual*, pantalon, sinon pour monter à cheval ; tandis que les Touâreg croiraient manquer aux bienséances s'ils se montraient quelque part sans cette partie de l'habillement qu'on ne nomme pas en Angleterre. Chez eux les femmes sont aussi vêtues d'une façon très-décente, mais, contre l'usage des pays musulmans, elles sortent sans être voilées.

Un de ces fiers habitants du désert, partant pour une expédition, offre vraiment quelque chose de formidable. Voyez-le monté sur un rapide méhari qui dévore l'espace ; il emporte avec lui tout un matériel d'armes terribles, et dont il se sert avec une adresse qui tient du prodige. Aperçoit-il son adversaire? prompt comme la foudre, il saisit son arc, et d'une main vigoureuse lui décoche des flèches, la plupart empoisonnées (1) ; si elles atteignent

(1) M. Henri Duveyrier, page 445 de son ouvrage, écrit que les flèches des Touâreg *ne sont jamais empoisonnées*. — Cependant, les nègres du Soudan m'ont toujours affirmé le contraire ; en outre, je tiens des militaires chargés de disposer les panoplies d'armes Touâreg qui se trouvent à l'exposition permanente des produits de l'Algérie, rue Bab-Azoun

leur but, elles ne sortiront plus de la blessure qu'elles ont faite qu'en déchirant affreusement la chair, car la pointe en est barbelée ! Son carquois est-il épuisé ? il prend son javelot et le lance avec une force inouïe (1)... Cependant il avance, il avance toujours à l'abri de son vaste bouclier rectangulaire, et enfin, il joint son ennemi, qu'il essaye de frapper avec sa longue et redoutable lance. Celle-ci vient-elle à se briser dans le choc ? son épée lui reste, en forme de latte longue et forte qui tranche des deux côtés. Perd-il son épée dans la lutte ? il a encore son crochet armé de dents pour saisir son adversaire, et une sorte de fléau à l'extrémité duquel se balance une boule de fer pour lui casser la tête ! Enfin est-il démonté, son fidèle méhari (2), blessé dans le combat, a-t-il

(ancien hôpital) qu'on leur avait recommandé *de bien prendre garde de se piquer avec les flèches* qui font partie de ces panoplies.

(1) Pour donner plus de détente à ses muscles, dans le combat, le Targui (singulier de Touâreg) porte au-dessous de la saignée du bras droit un anneau de pierre. — Cet anneau, en serpentine de couleur verte, sert encore à une autre fin. « Dans les combats corps à corps, dit l'auteur des *Touâreg du Nord*, page 393, quand deux champions se tiennent enlacés de manière à ne pouvoir plus faire usage de leurs armes, chaque combattant cherche à écraser les tempes de son adversaire sous l'anneau de son bras. »

(2) Les légendes du désert racontent les traits les plus merveilleux de la sagacité et du dévoûment de ces précieux animaux.

mordu la poussière ? le Touâreg à pied est loin d'être vaincu ! il tient en réserve un poignard, fixé par un bracelet à son bras gauche, sa dernière ressource, avec lequel souple et agile comme la panthère, il défend chèrement sa vie ou donne à son ennemi le coup suprême (1). Le fusil n'est pour lui qu'une arme de luxe, les riches seuls en sont pourvus, et encore le plus souvent ne peuvent-ils s'en servir, faute de poudre.

Jusqu'à M. Henri Duveyrier, on ne savait que fort peu de chose, et encore rien de bien positif sur les lois, les mœurs, la religion, les coutumes et les traditions qui règlent le gouvernement intérieur de leurs tribus ; mais ce que nous étions parvenu à recueillir nous-même, aujourd'hui confirmé et notablement étendu par ce que ce savant voyageur nous a appris de la manière de vivre des Touâreg, de la noblesse et de la fierté de leurs sentiments, de la pureté relative de leurs mœurs et de la haute philosophie qui brille dans leurs légendes,

---

(1) Un targui qui lâcherait pied devant l'ennemi et qui, par sa défection, compromettrait le succès de ses contribules, ne pourrait plus reparaître au milieu des siens. Aussi, est-ce sans exemple *(Les Touâreg du Nord,* page 450).

tous ces renseignements, disons-nous, nous permettent de croire que le magnifique portrait des anciens Berbères, tracé par Ibn-Khaldoun, pourrait encore, à certains égards, s'appliquer aujourd'hui à leurs descendants du grand Sahara.

M. Henri Duveyrier, sur l'expérience duquel nous sommes toujours si heureux de nous appuyer, partage à cet égard notre conviction. Après avoir fait des Touâreg un magnifique portrait moral que nous engageons à lire, page 383 de son savant ouvrage, il termine ainsi... « Confie-t-on à un targui des marchandises, de l'argent, pour les porter d'une ville dans une autre, il aura beau à mi-chemin, séjourner dans sa tente ; ni lui, ni sa femme, ni ses enfants, fussent-ils dans le plus grand dénûment, n'y toucheront. — Prête-t-on sur parole, même sans témoins, de l'argent à un targui, il le rendra, fût-ce vingt ans après, s'il lui a fallu ce temps pour réaliser la somme empruntée, et il passera trois mois sur les routes pour aller le restituer. Si le prêteur est mort, la dette est remboursée à ses héritiers, et si l'emprunteur meurt insolvable, ses enfants tiennent à honneur de payer dès qu'ils pourront. — Un targui meurt-il en voyage, ses compagnons de caravane acceptent, *ipso facto,* le mandat de gérer ses affaires au mieux de ses intérêts, et, au retour, ils rendent un compte fidèle de leurs opérations à ses héritiers.

Un peuple qui a de telles qualités, au milieu de quelques défauts inséparables de l'humanité, ne mérite pas la réputation que lui ont faite des écrivains renseignés par ses ennemis. »

Chez les Touâreg, le noble seul a des droits politiques ; mais ils reconnaissent au serf le privilége de posséder des biens de toute nature et d'en disposer comme il l'entend, à la seule condition de payer à ceux dont il relève un droit annuel fixé par l'usage. Au reste, comme sous le régime de la féodalité, il est lui-même regardé comme une propriété qu'on peut vendre, échanger ou léguer en héritage.

Le noble tàrgui, comme autrefois le gentilhomme français, ne peut, sans déroger, se livrer à aucun travail manuel ; sa seule occupation est « de faire la police du territoire de la tribu, d'assurer la sécurité des routes, de protéger les caravanes de ses clients, » la guerre, la chasse, ou la discussion, dans l'assemblée, des intérêts de la tribu. Parmi les serfs, les forgerons qui réparent les armes, et les vétérinaires qui prennent soin des animaux malades, jouissent d'une considération qui les place immédiatement après la noblesse. Chez les Arabes, ces hommes utiles sont entourés des mêmes égards et sont toujours épargnés par les vainqueurs de la guerre (1).

Les Touâreg appartiennent à la race blanche et se gardent bien, ceux du nord surtout, de toute alliance avec les noirs. Ils sont en général grands, minces, agiles, adroits à tous les exercices qui demandent de la souplesse et de la force, et d'une sobriété telle qu'ils peuvent, comme leurs chameaux, supporter plusieurs jours de privation absolue. Ils se serrent alors progressivement le ventre avec une ceinture de cuir. Ils ont le front large, les yeux admirablement beaux, la poitrine bien développée, et, comme toutes les races méridionales, les pieds et les mains de formes parfaites.

« Un des caractères physiques auxquels un targui peut se reconnaître entre mille, est l'attitude de sa démarche grave, lente, saccadée, à grandes enjambées, la tête haute, attitude qui

---

(1) *Les Chevaux du Sahara*, par M. le général Daumas, page 160.

rappelle un peu celle de l'autruche ou du chameau en marche, mais qui est due principalement au port habituel de la lance (1). »

Contrairement à ce qu'on m'avait raconté, les Touâreg n'ont pas de kadi dans leurs tribus, ce sont les chefs de famille qui rendent la justice et maintiennent l'ordre dans le pays ; en temps ordinaire, les crimes y sont rares.

Les Touâreg vivent presque constamment de laitage, rarement ils y ajoutent de la viande séchée au soleil (2), du biscuit, du poisson (3) et du beurre.

Le plus grand nombre des tribus touâreg sont nomades et passent une partie de leur vie à escorter les caravanes qui se rendent des marchés d'In-Sâlah, de Ghadâmès, de Rhât et

---

(1) *Les Touâreg du Nord*, page 382.

(2) Les Berbères de la confédération de M'zab, qui ne possèdent pas ou presque pas de troupeaux, renferment des chiens dans des silos, où ils les engraissent avec des dattes et les tuent en guise de moutons. Aussi les Arabes, qui les détestent et à qui ils le rendent avec usure, les appellent-ils, par mépris, *mangeurs de chiens*. Nous ne savons si les Touâreg ont le même usage. C'est là une question que nous n'avons jamais osé leur adresser ; mais si nous l'eussions faite à un Arabe, il n'eût pas manqué de nous répondre affirmativement.

(3) D'après M. Henri Duveyrier, les nobles Touâreg n'admettent guère dans leurs repas que les viandes de chameau, de mouton et de chèvre, et repoussent, comme immondes, les poissons, les oiseaux et leurs œufs (page 401).

de Mourzouk dans le Soudan. On peut se fier en toute assurance à la parole d'un chef influent, après avoir acquitté entre ses mains un prix convenu, et relativement peu élevé, soit en argent, soit en marchandises.

VIII

Mais ce qui est encore plus étrange que tout ce qu'on a pu voir jusqu'ici dans cet humble aperçu, c'est la position de la femme chez les Touâreg. On nous saura gré de reproduire, en l'abrégeant, ce que raconte M. Henri Duveyrier de l'influence qu'elle a su conquérir (dirons-nous *conserver?*) dans la société et la famille, influence que nous n'avions pu que pressentir, d'après les renseignements qui nous avaient été fournis, et qui sont aujourd'hui si parfaitement justifiés. Nos lecteurs y trouveront comme nous plus d'un sujet d'étonnement.

« S'il est un point par lequel la société targuie diffère de la société arabe, ainsi s'exprime le savant voyageur, c'est le contraste de la position élevée qu'y occupe la femme comparée à l'état d'infériorité de la femme arabe.

Chez les Touâreg, la femme est l'égale de l'homme, si même, par certains côtés, elle n'est dans une condition meilleure. — Elle mange en compagnie de son mari, ce qui est contraire à l'usage des autres musulmans, et la meilleure part du repas lui est donnée. — Jeune fille, elle reçoit de l'éducation. — Jeune femme, elle dispose de sa main, et l'autorité paternelle n'intervient que pour prévenir des mésalliances. Elle se réunit à ses amies pour faire de petits voyages, allant où bon lui semble sans être accompagnée d'aucun homme. La liberté dont elle jouit est grande, et elle ne paraît pas en abuser. — La tenue des dames touâreg est toujours décente et convenable. Une sorte d'étiquette préside à tous leurs mouvements, quand elles sont en société. Une grande marque de leur respect pour l'homme auquel elles parlent est de lui cacher leur figure, quoiqu'elles ne portent jamais le voile, et, à cette fin, elles tournent le dos à leur interlocuteur, ou bien elles ramènent un coin de leur pardessus sur leur figure.

Plus heureuse que la femme arabe, la femme targuie n'est obligée ni à moudre le blé, ni à aller chercher sur son dos l'eau et le bois, ni à faire la cuisine ; les esclaves pourvoient à tous ces besoins, de sorte que, comme les dames des contrées civilisées, elles peuvent consacrer du temps à la lecture, à l'écriture, à la musique et à la broderie. Ce n'est pas sans émotion, qu'après avoir traversé quatre cents lieues de pays dans lesquels la femme est réduite à l'état de bête de somme, on constate, en plein désert, une civilisation qui a tant d'analogie avec celle de l'Europe au moyen âge.

Dans la communauté conjugale, la femme targuie gère elle-même sa fortune personnelle sans être jamais forcée de contribuer aux dépenses du ménage, si elle n'y consent pas. Aussi arrive-t-il que, par le cumul des produits, la plus grande partie de la fortune est entre les mains des femmes. C'est ainsi qu'à Rhât, la presque totalité de la propriété foncière leur appartient.

Dans la famille, la femme s'occupe exclusivement des enfants, dirige leur éducation. — Les enfants sont bien plus à elle qu'à son mari, puisque c'est son sang et non celui de l'époux qui leur confère le rang à prendre dans la société, dans la tribu, dans la famille. — En dehors de la famille, quand la femme s'est acquise, par la rectitude de son jugement, par l'influence qu'elle exerce sur l'opinion, une sorte de réputation, on l'admet volontiers, quoique exceptionnellement, à prendre part aux conseils de la tribu (1). — Son autorité est telle que, bien que la loi musulmane permette la polygamie, elle a pu imposer à l'homme l'obligation de rester monogame, et cette obligation est respectée sans aucune exception.

Pour que la femme targuie ait pu se placer ainsi au-dessus de la loi, de la religion et des passions, il lui a fallu plus que la puissance attractive du sexe féminin sur le sexe masculin. Cette puissance, quelle qu'elle soit, elle l'a exercée, et les résultats attestent son heureuse influence, car dans le même milieu, quelle différence entre la famille arabe polygame et la famille targuie monogame !

Dans cette dernière, malgré de grands éléments de dissolution, la monogamie a retenu autour du foyer domestique de très-beaux restes

---

(1) A la page 365 de son ouvrage, M. Henri Duveyrier cite un fait qui prouve bien la position exceptionnelle de la femme chez les Touâreg, c'est que la tribu des marabouts ihêhaouen d'El-Fogâr a pour chef une femme, *cheikha*.

de ces vertus qui ont fait jadis la gloire de la race berbère. Dans la famille arabe, au contraire, du moins dans certaines tribus du Sahara, malgré de meilleures conditions matérielles d'existence, la polygamie a fait descendre assez bas le niveau de la morale publique pour que le père, avant de marier sa fille, puisse exiger d'elle le remboursement, prélevé sur son corps, de ce qu'elle a coûté à sa famille, et pour que la fille, déshonorée selon nous, rachetée suivant les idées locales, soit d'autant plus recherchée en mariage, qu'elle aura eu plus de succès dans le commerce de ses attraits. La conséquence de ces prémices est que la femme arabe, tombée dans la décrépitude à l'âge où la femme monogame brille de tout son éclat, descend au rang des bêtes de somme pour servir son père, son mari, ses enfants, voir même la femme qui l'a remplacée dans les faveurs de l'époux et qui partagera bientôt avec elle le fardeau de la domesticité. Que d'enseignements découlent de ces constatations ! Dans la société targuie, le rôle du marabout (1) et celui de la femme

---

(1) « Les marabouts, chez les Touâreg, sont à la fois ministres de la religion, ministres de la justice et ministres de l'instruction publique. » (Même ouvrage, page 332.)

semblent plutôt procéder *de la civilisation chrétienne* que des institutions musulmanes. Faut-il voir dans ces deux exceptions un reste d'une tradition ancienne? Rappelons-nous que les Touâreg portent ce nom pour avoir longtemps repoussé et renié l'islamisme. Parmi eux il y a eu lutte et lutte prolongée entre une foi antérieure et la religion nouvelle. Mais quelles que soient les causes de la résistance des Touâreg à l'islamisme, il est hors de doute que leur société exceptionnelle, au milieu de tant d'éléments de destruction, s'est maintenue, telle que nous la retrouvons, par la femme et par le marabout. La civilisation française, dont nous sommes fiers à si juste titre, s'écrie en terminant M. Henri Duveyrier, n'est-elle pas aussi l'œuvre de la femme chrétienne et des évêques éclairés du moyen-âge (1)? »

(1) *Les Touâreg du Nord*, tome Ier, pages 339 et 430.

IX

Si c'est à l'influence de la femme targuie qu'on doit la conservation de tout ce qui distingue les Touâreg et en fait un peuple à part au milieu de la dégradation de ceux qui l'entourent, nous voulons dire la pureté relative de leurs mœurs, le maintien sous la tente des vertus de famille, le respect de l'homme pour sa compagne, etc., à ce titre seul, elle aurait déjà droit à toute notre reconnaissance. Mais là, ne se bornent pas les services qu'elle a rendus. Nous lui en devons un autre, capital, si étrange et si merveilleux, que M. Henri Duveyrier, plein d'un enthousiasme que nous partageons, va jusqu'à l'appeler un *miracle :* c'est celui de la conservation de l'écriture chez les Touâreg.

« Dans tout le continent africain, dit l'auteur dont nous avons déjà tant de fois invoqué le témoignage, les femmes lettrées se comptent par unités, tandis que chez les Touâreg presque toutes les femmes savent lire et écrire, dans une proportion plus grande même que les hommes.

Dès mon arrivée au milieu des tribus Touâreg, continue M. Henri Duveyrier, je manifestai le désir d'apprendre leur langue et je demandai qui pourrait m'en enseigner la lecture et l'écriture. A mon grand étonnement, on m'apprit que cet enseignement était réservé exclusivement aux femmes, et quelques-unes s'offrirent pour me donner des leçons (1). »

L'écriture touâreg, d'un caractère tout spécial, qui a de frappantes analogies avec celle de la fameuse inscription de Tougga, ainsi que nous l'avons déjà vu, en note, page 201, chose que constate également M. Henri Duveyrier, est selon toute probabilité, l'ancienne écriture phénicienne importée en Afrique par les fondateurs de Carthage. Cependant, quelques-uns pensent que la langue berbère est antérieure même à la langue punique ; mais ce n'est là qu'une conjecture qu'il serait aujourd'hui assez difficile de prouver.

Nous ne terminerons pas le peu que nous

---

(1) *Les Touareg du Nord*, tome Ier, page 388.

venons de dire sur l'écriture des Touâreg sans parler d'un fait qui vient de se produire et dont le monde savant va sans doute s'occuper.

On sait que depuis longtemps déjà on travaille, sous l'intelligente direction de MM. Berbrugger et Mac-Carthy, à dégager des débris amoncelés par le temps à sa base, le gigantesque monument si célèbre en Afrique, sous le nom de *Tombeau de la chrétienne (K'beur Roumia)*. Ce monument, d'une forme qui rappelle celle des pyramides d'Égypte, domine, au nord, les ruines de Tipasa et la mer, et au sud, le lac Alloula qui vient baigner le pied de la montagne où il est bâti.

Jusqu'à ce jour, sur la foi de Pomponius Mela (1), on a vu dans le *K'beur Roumia* la sépulture commune de la famille des rois indigènes qui ont régné à Julia Cœsarea (Cherchell). Un savant (2) a même cru pouvoir lui assigner une date précise et fixer l'époque de

---

(1) Voici le texte sur lequel on s'appuie : — « Jol ad mare, aliquando ignobilis, nunc, quia Jubœ Regia fuit et quod Cœsarea vocitatur, illustris. Citrà hanc (nam in medio fermè littore sita est), Cartenna et Arsina sunt oppida et Quiza castellum et Laturus sinus et Sardabale fluvius ; ultra *monumentum commune regiœ gentis*. Deindè Icosium. » *(De situ orbis*, lib. 1, c. 6.)

(2) *Akhbar* du 5 février 1856.

son érection « dans les 68 années comprises entre 25 ans avant Jésus-Christ et 43 ans après Jésus-Christ. » Or, il se pourrait bien que Pomponius Mela se soit trompé et que l'habile conservateur du musée d'Alger n'ait pas été plus heureux dans ses appréciations. Au reste, rien ne démontre d'une manière *positive* que le géographe romain ait entendu désigner, par le texte allégué, le monument aujourd'hui connu sous le nom de Tombeau de la chrétienne.

Ce tombeau, fermé depuis des siècles peut-être, et sur lequel l'imagination des Arabes s'est si prodigieusement exercée, vient d'être ouvert après de laborieuses et pénibles fouilles. Le *Moniteur algérien*, du 17 mai dernier, nous apprend que le 15 on a pu enfin y pénétrer. Chose étrange ! sur une des pierres que l'on a eu à extraire pour pratiquer une galerie, on a trouvé gravés trois caractères

qui appartiennent évidemment à l'alphabet rupestre des touâreg que nous avons en ce moment sous les yeux, et identiques à ceux de l'inscription de Tougga. Sans trop de témérité, ne pourrait-on pas voir dans ce simple fait toute une révélation ? Et ce monument, auquel on assignait une date relativement récente, ne serait-il pas plutôt l'œuvre d'une civilisation bien antérieure à celle des rois de la Mauritanie ?

Mais n'allons pas plus loin dans la crainte de marcher en aveugle. Aujourd'hui le champ est ouvert, et l'exploration consciencieuse que ne manquera pas de faire du Tombeau de la chrétienne M. Berbrugger, dissipera à cet égard, nous l'espérons, tous les doutes, mettra fin à toutes les hésitations.

X

Il existe chez les Touâreg une coutume singulière dont nous avons déjà parlé en note, page 200, et relative aux successions. Avant l'introduction parmi eux de l'islamisme, toutes leurs tribus suivaient l'ordre de succession *maternelle;* depuis, quelques tribus ont adopté exceptionnellement la succession paternelle. Les premières portent le nom de *Beni-Oummïa*, les secondes, celui de *Ebna-Sid*.

« Voici, dit M. Henri Duveyrier, autant qu'il est possible à un étranger de les formuler, les principales dispositions de la loi qui règle les successions chez les Beni-Oummïa des Touâreg.

Les Touâreg Beni-Oummïa distinguent deux sortes de biens transmissibles par héritage : les biens *légitimes* et les biens *illégitimes*. Les premiers sont ceux acquis par le travail individuel et dont la possession est sacrée : l'argent, les armes, les esclaves achetés, les troupeaux, les récoltes, les provisions ; les seconds, sont ceux conquis les armes à la main, et dont la possession ne repose que sur le droit de la force, biens conquis collectivement par tous les membres actifs de la famille et conservés par leur concours.....

A la mort d'un chef de famille, quand l'héritage s'ouvre, tous les biens légitimes sont divisés, par parts égales, entre tous les enfants, sans distinction de primogéniture ou de sexe. Cette pratique est observée dans toutes les classes de la société targuie : nobles, marabouts, tributaires ou serfs.

Quant aux biens de la seconde catégorie, les

illégitimes, apanage exclusif de la noblesse, ils reviennent par droit d'aînesse, sans division ni partage, au fils aîné de la sœur aînée : *sans division,* sur une tête unique, mais sans possibilité d'aliéner, afin de conserver au chef de la famille, et à la famille elle-même les moyens matériels de maintenir son influence et sa prépondérance ; *au fils aîné de la sœur aînée,* pour assurer contre toute éventualité, la transmission du sang, la conservation de la tradition familiale, à la tête des tribus.

On serait dans l'erreur, ajoute notre savant voyageur, si on attribuait exclusivement à la crainte d'infidélités de la part de l'épouse d'aussi grandes précautions pour éviter l'avènement d'un homme de sang étranger à la tête de la famille, car, en général, la femme targuie, sévère sur ses droits, l'est aussi sur ses devoirs. Les inconvénients de la polygamie, aussi, doivent rester étrangers aux motifs qui ont fait préférer l'aîné des neveux utérins au fils aîné du chef de famille, car si la monogamie a pu lutter contre le polygamisme musulman, c'est qu'elle devait être d'institution très-ancienne chez les Touâreg..... Quoiqu'il en soit des motifs qui ont pu déterminer les ancêtres des

Touâreg à adopter une pareille coutume, il est hors de doute que son origine est antérieure à l'islamisme (1). »

Chose singulière ! Le célèbre voyageur Ibn-Batouta, qui parcourut au XIV° siècle une grande partie de l'Asie et de l'Afrique, a trouvé le même usage en vigueur chez les Malabars indous (2). « *Assurément*, dit M. Henri Duveyrier, qui le cite également, *les Berbères ne viennent pas de l'Inde.* » — Pourquoi donc *n'en viendraient-ils pas*, lorsque nous avons des témoignages sérieux qui leur attribuent cette origine lointaine ? N'est-ce pas entr'autres le sentiment du savant Karl Ritter ? Et cette médaille, « *fort ancienne, incontestablement indienne,* » trouvée à Ben-Ghâzi et remise par M. P. E. Botta à M. Henri Duveyrier (3), ne vient-elle pas encore corroborer l'opinion de l'illustre géographe de Berlin ? Nous avouons humblement notre incompétence pour décider entre deux hommes aussi distingués, mais s'il nous fallait opter entre l'un ou l'autre, nous nous rangerions de préférence au sentiment de

---

(1) *Les Touâreg du Nord*, pages 393-400.
(2) Voir page 200, la note.
(3) *Les Touâreg du Nord*, I, page 400.

M. Karl Ritter qui nous paraît, nous ne dirons pas plus certain, mais d'une probabilité mieux appuyée.

XI

Une chose qui étonne et sépare complètement les Touâreg de tous les hommes connus jusqu'ici, c'est qu'ils ont la figure constamment couverte *d'un voile* de couleur sombre, ordinairement d'un bleu tirant sur le noir, voile qu'ils ne quittent jamais (1), le soulevant un peu seulement pour manger.

« Il est difficile, dit M. Henri Duveyrier, de remonter à l'origine de cette coutume et de lui assigner une cause. L'usage du voile est hygiénique, dit-on. Il préserve les yeux de l'action trop intense du soleil, le nez et la bouche de la poussière fine des sables et il entretient l'humi-

---

(1) Les Touâreg que j'ai vus ont cependant consenti, et après de vives instances, à se dévoiler en ma présence ; mais pour arriver à jouir de cette insigne faveur, il me fallut faire sonner bien haut mes titres et qualités ! Ce sont de beaux hommes, forts et vigoureux, étrangement basanés avec de grands yeux noirs qui brillent comme des flammes.

dité à l'entrée des deux principales voies respiratoires, ce qui est important sous un climat où l'air est excessivement sec. Mais, si une raison exclusivement hygiénique a fait adopter le voile, pourquoi les femmes ne le portent-elles pas? pourquoi les hommes ne se débarrassent-ils pas la nuit, au repos, quand il n'y a ni soleil, ni sables, ni air chaud et sec, d'un vêtement toujours gênant, malgré la grande habitude de le porter? Un targui, quel qu'il soit, croirait manquer aux convenances en se dévoilant devant quelqu'un, à moins que ce ne soit dans l'extrême intimité ou pour satisfaire à la demande d'un médecin à l'effet de constater la nature d'une maladie. A part ces cas exceptionnels, le voile doit toujours couvrir le visage. On a cru, d'après des informations inexactes, que les Touâreg portaient le voile parce qu'ils ne voulaient pas être reconnus comme auteurs des cruautés qu'ils exercent sur leurs ennemis. Cette interprétation est fausse pour trois motifs: d'abord, les Touâreg ne sont pas cruels; puis, malgré leur voile, ils se reconnaissent entre eux comme s'ils n'étaient pas voilés; enfin, ils repoussent les armes à feu, qu'ils appellent armes de traîtrise, considérant comme seul honorable le combat à l'arme blanche, corps à corps, face à face.

Parmi les porteurs de voile, on distingue ceux qui font usage du voile blanc de ceux qui ont le voile noir. Par un contraste fréquent dans la nature, les Touâreg à figure blanche, aux traits caucasiques, les nobles en particulier, ont adopté exclusivement le voile noir ; au contraire, les hommes de race inférieure, ceux chez lesquels le sang nègre se manifeste, ont donné la préférence au voile blanc. De là, deux classes de Lithâmiens : les blancs et les noirs (1). »

En terminant ce paragraphe, nous allons rapporter une légende telle que nous l'avons recueillie, légende originale que personne, que nous sachions, n'a publiée avant nous (2), qui explique à sa manière et d'une pittoresque façon : *Pourquoi les Touâreg se voilent le visage.*

« Salomon se promenant un jour, et il y a longtemps, dans un pays qu'on ne nomme pas, perdit l'anneau qu'il portait au doigt, anneau

(1) *Les Touâreg du Nord*, I, page 391.
(2) Cette légende a déjà été publiée une fois par nous dans *la Presse algérienne* du 1er octobre 1857.

magique, source du pouvoir qu'il exerçait sur la multitude des génies qui peuplent l'immensité. Un manant, un homme de rien le trouva, et l'ayant par hasard passé à son doigt, se vit par là même, et à son profond étonnement, investi de toute l'autorité dont jouissait Salomon sur les puissances occultes. Avec la puissance, de coupables pensées d'ambition et d'orgueil ne tardèrent pas à brûler dans le cœur de cet homme. Pour son malheur et sa ruine, il y succomba. Il s'empara donc des États du fils de David, s'assit sur son trône, et, monstruosité digne de Satan, déshonora la couche royale !

» Pendant ce temps-là, Salomon, dépouillé de tout prestige et de toute grandeur, vivait inconnu, oublié, pauvre et méprisé dans sa capitale, où naguère il commandait en maître... Mais Dieu a en aversion l'iniquité, et tôt ou tard il laisse tomber le châtiment sur la tête de l'impie. La Providence permit que, après une foule de vicissitudes, Salomon rentrât en possession de son anneau merveilleux, et avec lui de toute sa puissance et de toute sa gloire. Par son ordre l'usurpateur maudit fut mis à mort, mais ensuite une grande discussion s'éleva dans le conseil. On le sait, ce fils de damné avait déshonoré la couche royale : que faire des enfants qui allaient devoir la vie à ce crime énorme? subiraient-ils le sort de leur père ou leur laisserait-on la vie? Les sentiments étaient partagés, le plus grand nombre opinait pour la mort, lorsque le roi, avec sa sagesse ordinaire, trancha la difficulté : « Dieu est grand, dit-il, et il a horreur du sang inutilement versé. Ces enfants vivront donc, mais au moment de leur naissance, et afin qu'ils soient exclus à jamais du trône où le rang de leur mère pourrait leur donner quelque droit de prétendre, on leur coupera le nez ; ainsi ils seront distingués des autres et reconnus partout pour les fils d'un grand coupable. »

» Cette sentence fut rigoureusement exécutée.

» En grandissant, ces enfants comprirent la honte attachée à leur visage ; alors en signe de deuil et pour cacher leur difformité ils se couvrirent la figure *d'un voile sombre* et se dispersèrent ensuite par le monde, où ils trouvèrent successivement la mort. L'un d'eux arrivé au milieu des plaines sablonneuses de l'Afrique, loin des hommes qui l'avaient connu et de tout ce qui pouvait lui rappeler son infortune, y planta sa tente, s'y choisit une compagne *et fut le père des Touâreg.* »

C'est donc en mémoire de leur premier ancêtre que, encore aujourd'hui, les Touâreg se tiennent constamment la face voilée (1).

Sur quel fond de vérité repose cette bizarre légende? Nous avouons notre complète ignorance à cet égard, mais nous sommes porté à lui attribuer une origine arabe, à cause précisément de ce qu'elle renferme d'odieux et d'humiliant pour les Touâreg. En général les Arabes s'entendent parfaitement et se montrent très-habiles à ridiculiser les peuples qui les avoisinent, surtout quand ils sont, comme les Touâreg, en perpétuel antagonisme avec eux. On

---

(1) Cette légende fait songer au conte du berger Gygès, dont parle Platon dans sa *république* et que Cicéron rappelle dans son livre *de Officiis*, III, c. 9. — Nous croyons devoir reproduire ici, à titre de simple rapprochement, la légende suivante, qu'on peut lire dans le *Dictionnaire infernal* de J. Collin de Plancy. On verra qu'elle a quelque rapport avec celle des Touâreg.

« Suivant le Talmud, un génie infernal, nommé Sakhar s'empara du trône de Salomon. Après avoir pris Sidon et tué le roi de cette ville, Salomon emmena sa fille Téréda ; comme elle ne cessait de déplorer la mort de son père, il ordonna au diable de lui en faire l'image pour la consoler. Mais cette statue, placée dans la chambre de la princesse, devint l'objet de son culte et de celui de ses femmes. Salomon informé de cette idolâtrie par son visir Asaf, brisa la statue, châtia sa femme et se retira dans le désert où il s'humilia devant Dieu ; ses larmes et son

ferait des volumes si l'on voulait s'amuser à recueillir toutes les histoires incroyables, saugrenues, toujours malveillantes, inventées par les indigènes, pour appeler le sarcasme, le mépris et la haine sur la tête des Français.

XII

Quoique les renseignements que nous venons de donner, grâce au savant ouvrage de M. Henri Duveyrier, soient plus précis et plus complets que ceux que nous possédions jusqu'à ce jour sur les Touâreg, nous n'osons pas affirmer ce-

repentir ne le sauvèrent pas de la peine que méritait sa faute. Ce prince était dans l'usage de remettre, avant d'entrer dans le bain, son anneau, dont dépendait sa couronne, à une de ses femmes nommée Amina. Un jour, Sakhar vint à elle sous les traits du roi, et, recevant l'anneau de ses mains, prit, en vertu de ce talisman, possession du trône, et fit dans les lois tous les changements dont sa méchanceté s'avisa. En même temps Salomon, dont la figure n'était plus la même, méconnaissable aux yeux de ses sujets, fut obligé d'errer et de demander l'aumône. Enfin, au bout de quarante jours, espace de temps durant lequel l'idole avait été honorée dans son palais, le diable prit la fuite et jeta l'anneau dans la mer. Un poisson qui venait de l'avaler, fut pris et donné à Salomon, qui retrouva sa bague dans les entrailles dudit poisson. Rentré en possession de son royaume, ce prince saisit Sakhar, lui chargea le cou d'une pierre, et le précipita dans le lac de Tibériade. »

pendant comme d'incontestables vérités tout ce que nous avons écrit sur leur compte dans cette modeste étude. Ce que nous avons vu de nos propres yeux, nous le garantissons ; mais nous faisons de prudentes réserves touchant ce qui nous a été seulement raconté par des témoins dont la bouche a pu nous tromper. Il est bien entendu que ces réserves ne s'étendent pas au célèbre voyageur dont le consciencieux travail nous a été si précieux pour compléter nos propres observations.

Il est vivement à désirer que les utiles projets de M. le maréchal Randon ne restent pas à l'état d'espérances ; et il serait digne de l'illustre duc de Magenta, qui lui a glorieusement succédé dans le gouvernement général de l'Algérie, d'en poursuivre l'exécution. Outre les avantages matériels que notre colonie en retirerait, l'obscurité qui enveloppe encore l'origine, la vie et les mœurs de ce peuple ne tarderait sans doute pas à se dissiper, et l'intérêt qui s'attache à son culte et à ses traditions à être pleinement satisfait. Si l'œuvre des caravanes commence et se continue, si la grande route de l'Afrique centrale s'ouvre désormais sans obstacle devant les pélerins de la science et les hardis pionniers du commerce, le nom de ceux qui auront contribué à réaliser cette œuvre magnifique vivra éternellement dans la mémoire des Algériens, entouré d'une auréole de reconnaissance et de respect. Ils auront bien mérité de la France, de l'Algérie, de l'Afrique tout entière, et le christianisme, auquel ils auront frayé la route, les en bénira.

FIN

www.ingramcontent.com/pod-product-compliance
Lightning Source LLC
Chambersburg PA
CBHW062235180426
43200CB00035B/1763